चेतना की शिखा

चेतना की शिखा

रामधारी सिंह 'दिनकर'

लोकभारती प्रकाशन

लोकभारती प्रकाशन
पहली मंजिल, दरबारी बिल्डिंग, महात्मा गांधी मार्ग
इलाहाबाद-211 001
वेबसाइट : www.lokbhartiprakashan.com
ईमेल : info@lokbhartiprakashan.com
शाखाएँ : 1-बी, नेताजी सुभाष मार्ग, दरियागंज
नई दिल्ली-110 002
अशोक राजपथ, साइंस कॉलेज के सामने
पटना-800 006
36 ए, शेक्सपियर सरणी, कोलकाता-700 017

पहला संस्करण : 1973
पहला (लोकभारती) संस्करण : 2019

मूल्य : ₹495

मुद्रक : यश प्रिंटोग्राफिक्स
नोएडा-201 301 (उत्तर प्रदेश)

CHETNA KI SHIKHA
Essays by Ramdhari Singh 'Dinkar'

ISBN : 978-93-89243-83-3

प्राक्कथन

पूज्य राष्ट्रकवि रामधारी सिंह 'दिनकर' को गुजरे छियालीस वर्ष हो गए। अब उनकी 110वीं जयन्ती का वर्ष बीत रहा है।

यूँ तो महाकवि दिनकर जी को राष्ट्रकवि कहा गया है पर महीयसी महादेवी वर्मा ने कहा था कि वे विश्वकवि हैं, क्योंकि उनकी कविताओं में मात्र राष्ट्रीयता की वाणी और उसकी स्वायत्तता का गौरवगान और संघर्ष नहीं है वरन् प्रेम का एक व्यापक क्षितिज है जो उन्हें विश्वकवि की श्रेणी में ले आता है। वस्तुतः दिनकर जी एक ही साथ विश्वकवि, महाकवि, राष्ट्रकवि और जनकवि–सभी हैं। उनकी विभिन्न कविताओं में भिन्न-भिन्न तौर पर उनके काव्य-व्यक्तित्व का वैशिष्ट्य प्रकट होता है।

दिनकर जी आज भी पाठकों के सर्वाधिक प्रिय कवि हैं और प्रासंगिक भी। उनकी कविताओं में आग है, राग है और अध्यात्म है। उनकी कविताओं का अवगाहन कर प्रतीत होता है कि वे अपने समकालीन कवियों से अलग तरीके से पाठकों के समक्ष प्रकट होते हैं।

दिनकर जी ने कहा था कि सच्चा कवि हमेशा जीवित रहता है—उसके प्रति राग और द्वेष के कारण उसके सामने उसका सही मूल्यांकन नहीं हो पाता। किसी कवि का सही मूल्यांकन उसके निधन के पचास वर्ष बाद होता है। और हम देख रहे हैं, जैसे-जैसे समय गुजरता जा रहा है, दिनकर जी की कविताओं की लोकप्रियता बढ़ती जा रही है।

पूर्व में दिनकर जी की सभी किताबें लोकभारती प्रकाशन से कुछ नवीन स्वरूप और अलग नाम देकर प्रकाशित हुई थीं। अब सभी पुस्तकें अपने पुराने नाम और प्रारूप में प्रकाशित हो रही हैं। आशा है, इससे दिनकर-प्रेमी हिन्दी साहित्य जगत् सन्तुष्ट होगा।

—अरविन्द कुमार सिंह

दिनकर भवन
आर्य कुमार रोड
पटना-800004

विज्ञप्ति

यह यानी सन् 1972-73 श्री अरविन्द की सौवीं जयन्ती का साल बीत रहा है। इस वर्ष मुझे श्री अरविन्द पर कई भाषण भी देने पड़े और कई निबन्ध भी तैयार करने पड़े। श्री अरविन्द के दर्शन पर इस पुस्तक में जो तीन निबन्ध हैं, वे खास कर रविशंकर विश्वविद्यालय, रायपुर, के रीडरशिप-भाषण के लिए लिखे गए थे।

श्री अरविन्द की साधना अथाह थी। उनका व्यक्तित्व गहन और विशाल था और उनका साहित्य दुर्गम समुद्र के समान है। मुझे अब तक ऐसा आदमी नहीं मिला, जो यह दावा कर सके कि श्री अरविन्द को उसने पूरी तरह समझ लिया है। मगर उन्हें समझने की कोशिश करनेवाले लोग असंख्य हैं और वे सारे संसार में फैले हुए हैं।

यह पुस्तक मैं खास कर हिन्दी के उन पाठकों के हाथ में देना चाहता हूँ, जिन्हें श्री अरविन्द के प्रति श्रद्धा तो है, किन्तु श्री अरविन्द के जीवन-दर्शन और कृतित्व के विषय में उतनी जानकारी नहीं है। यह पुस्तक श्री अरविन्द से उन्हें परिचित करा देगी।

जब मैं श्री अरविन्द के दर्शन-पक्ष पर लिख चुका, मुझे ऐसा लगा कि इस पुस्तक में श्री अरविन्द की कुछ कविताओं का अनुवाद भी जाना चाहिए, जिनसे श्री अरविन्द के दर्शन की पुष्टि होती है। इसी दृष्टि से पुस्तक के अन्त में श्री अरविन्द की चौदह कविताओं के अनुवाद सम्मिलित कर दिये गए हैं। इन अनुवादों का लक्ष्य पाठकों को श्री अरविन्द की कविताओं का आनन्द चखाना नहीं है, गरचे सुधी पाठकों को कविता के गद्यानुवाद से भी आनन्द मिल सकता है। मेरा असली उद्देश्य यह है कि पाठक श्री अरविन्द के दर्शन की प्रतिध्वनि उनकी कविताओं में भी सुन सकें। कविता का पद्यानुवाद बड़ा कठिन कार्य है। अनुवाद अगर सुन्दर हुआ, तो मूल से वह थोड़ा अलग जरूर हो जाता है। जिन कविताओं के ये अनुवाद हैं, वे छन्दोबद्ध रचनाएँ हैं। कई कविताओं के छन्दोबद्ध अनुवाद मैंने भी किये, लेकिन मुझे भासित हुआ कि इनमें श्री अरविन्द अपने शुद्ध रूप में उपस्थित नहीं हो सके। तब रवीन्द्रनाथ की यह वसीयत याद आई कि मेरी कविताओं के पद्यानुवाद की अनुमति नहीं देना। इसीलिए मैंने गद्यानुवाद की शरण ली। इससे आनन्द में कमी भले आई हो, किन्तु श्री अरविन्द की सोचने की पद्धति बहुत कुछ बरकरार रह गई है।

सन् 1939 ई. के अक्टूबर महीने में श्री अरविन्द ने हिटलर पर एक कविता लिखी थी, जिसमें उन्होंने यह भविष्यवाणी की थी कि 'इस दैत्य को या तो इससे भी बड़ा कोई और दैत्य पछाड़ेगा या उस पर ईश्वर की गाज गिरेगी।' यह श्री अरविन्द की अन्तर्दृष्टि थी। उनकी भविष्यवाणी पूरी हो गई। जिन्हें इस

कविता के प्रति जिज्ञासा हो, वे श्री अरविन्द की पुस्तक 'मोर पोयम्स' में 'द ड्वार्फ नेपोलियन' कविता देख लें।

श्री अरविन्द समझते थे कि आदमी को केवल विज्ञान से सन्तुष्ट नहीं रहना चाहिए, उसे उस शक्ति का भी संधान करना चाहिए, जो विज्ञान से बड़ी है, जिसकी एक चिंगारी से विज्ञान का विकास हुआ है। इस भाव से प्रेरित होकर श्री अरविन्द ने जो दो स्फुट कविताएँ लिखी थीं, उनके भी अनुवाद इस पुस्तक में दे दिये गए हैं। 'आत्मा की स्वीकृति के लिए मैटर का त्याग जरूरी नहीं है।'—यह श्री अरविन्द का निश्चित मत था। 'इलेक्ट्रॉन के प्रज्वलित रथ पर शिव सवार हैं।'—यह भी श्री अरविन्द के दर्शन का मूल सूत्र है।

पटना-16

—दिनकर

भूमिका

श्री अरविन्द का शरीरपात सन् 1950 ई. के दिसम्बर मास में हुआ, जब मैं लगभग बयालीस वर्ष का हो चुका था, लेकिन मेरा भाग्य-दोष ऐसा रहा कि मैं श्री अरविन्द के दर्शन नहीं कर सका। अब जब भी आश्रम जाता हूँ, श्रीमाँ के दर्शन करता हूँ और श्री अरविन्द की समाधि पर ध्यान। ध्यान चाहे जैसा भी जमे, मन के भीतर एक कचोट जरूर सालती है कि हाय, मैं आपको उस समय नहीं देख सका, जब आप शरीर के साथ थे।

अब तो यही एकमात्र उपाय है कि मन से यानी अध्ययन और चिन्तन से श्री अरविन्द को समझने का प्रयास करूँ। और जिन्होंने श्री अरविन्द को नहीं देखा, उनके लिए भी बस यही एक उपाय है, यद्यपि अध्ययन और चिन्तन अर्थात् मन सत्य

को समझने का सही मार्ग नहीं है। चिन्तन में प्रामाणिकता श्रद्धा से आती है।

श्री अरविन्द के व्यक्तित्व के पहलू अनेक हैं और सभी पहलू एक से बढ़कर एक उजागर हैं। राजनीति में वे केवल पाँच वर्ष तक रहे थे। किन्तु उतने ही दिनों में उन्होंने सारे देश को जगाकर उसे स्वतंत्रता-संघर्ष के लिए तैयार कर दिया। असहयोग की पद्धति उन्हीं की ईजाद थी। भारत का ध्येय पूर्ण स्वतंत्रता की प्राप्ति है, यह उद्घोष भी सबसे पहले उन्हीं ने किया था।

दार्शनिक तो यूरोप में बहुत उच्च कोटि के हुए हैं, किन्तु उनके दर्शन मेधा की उपज हैं। तर्कशक्ति के परिणाम हैं। उन्होंने जो कुछ लिखा, सोचकर लिखा। दार्शनिक के रूप में श्री अरविन्द की विशेषता यह है कि वे केवल प्रज्ञावान पंडित ही नहीं, बहुत बड़े योगी भी थे। अतएव उन्होंने जो कुछ लिखा, देखकर लिखा, अनुभव करके लिखा। श्री अरविन्द के दर्शन का सार उनकी अनुभूति है। विचार उस अनुभूति को केवल परिधान प्रदान करता है। श्री अरविन्द ने भारत की इस परम्परा को फिर से प्रमाणित कर दिया कि सच्चा दर्शन वह है, जो सोचकर नहीं, देखकर लिखा जाता है।

और श्री अरविन्द की कविता के विषय में क्या कहा जाए? श्री अरविन्द ने ऐसी कविताएँ भी लिखी हैं, जिनके जोड़ की या जिनसे अच्छी कविताएँ संसार में मौजूद हैं। किन्तु यही बात क्या सावित्री के प्रसंग में कही जा सकती है? 'सावित्री' काव्य मेधा का काव्य नहीं है। कोई भी विलक्षण काव्य केवल मेधा के बल से नहीं लिखा जाता है। जिस लोक की छोटी-सी प्रकाश-कणिका महाकवियों के मन को उद्भासित करके उनसे अलौकिक काव्य का निर्माण करवाती है, 'सावित्री' की रचना उस लोक के सूर्य के साथ बैठकर की गई है या क्या पता, श्री अरविन्द उस सूर्य के साथ एकाकार हो गए हों!

श्री नीरदवरण ने मुझे बतलाया है कि 'सावित्री' को श्री अरविन्द ने बारह बार लिखा था; और यह इसलिए नहीं कि कवि को पहले के प्रयुक्त शब्द, बिम्ब या मुहावरे पसन्द नहीं थे, बल्कि इसलिए कि योग के बल से श्री अरविन्द चेतना के आकाश में ज्यों-ज्यों ऊपर उठते गए, 'सावित्री' का संशोधन अनिवार्य होता गया। सत्य तक जाने का सही मार्ग दर्शन नहीं, काव्य का मार्ग है। विशेषतः यौगिक अनुभूतियों का वर्णन तर्क नहीं कर सकता, कविता कर सकती है। जो बुद्धि का देश नहीं है, जहाँ तर्क के सोपान नहीं हैं, वहाँ छलाँग केवल कविता ले सकती है। इसीलिए मेरी मान्यता है कि श्री अरविन्द की अनुभूतियों और आध्यात्मिक उपलब्धियों का सम्पूर्ण प्रतिनिधित्व 'सावित्री' करती है, 'लाइफ डिवाइन' नहीं। यदि संसार का अध्यात्मीकरण होना है (और मेरी आशा है कि वह होकर रहेगा), तो मानवता के इतिहास में 'सावित्री' का वही स्थान होगा, जो स्थान आज गीता का है, वेदों और उपनिषदों का है। अंग्रेज सावित्री को नहीं पढ़ता, इसका कारण यह है कि योग की कविता उसकी समझ में नहीं आती है। किन्तु जैसा श्री अरविन्द कह गए हैं, योग मनुष्य मात्र को प्राप्त होगा। जब मनुष्य-जाति योग को पा लेगी, 'सावित्री' काव्य मानव-मात्र के लिए अत्यन्त मूल्यवान हो उठेगा।

योगी, कवि और वैज्ञानिक—एक ही व्यक्ति में इन तीनों का समन्वय इतिहास में और कभी हुआ था या नहीं, यह प्रश्न विचारणीय है। अगर ऐसा कोई व्यक्ति पहले कभी हुआ था, तो वह भारत में ही हुआ होगा। किन्तु श्री अरविन्द के व्यक्तित्व में योगी, कवि और दार्शनिक—तीनों का समन्वय था और वे सब-के-सब एक ही लक्ष्य की ओर गतिशील थे। इसीलिए श्री अरविन्द का ध्यान करते समय ऐसा भासित होता है, मानो हम मानवता के महासूर्य को देख रहे हों! वैसे तो मात्र कवि और दार्शनिक के रूप में भी श्री अरविन्द

अत्यन्त वरेण्य हैं, किन्तु उनकी सबसे बड़ी महिमा यह थी कि वे योगी थे। उनके दर्शन और काव्य की जो वास्तविक शक्ति है, उनके भीतर जो प्रामाणिकता है, वह श्री अरविन्द की योग-साधना से आई है। योग के बल से ही उन्होंने सत्य को देखा और योग के बल से ही उन्हें यह शक्ति मिली कि उस सत्य को वे भाषा में अभिव्यक्त कर सकें। 'सावित्री' की असंख्य पंक्तियों में जो दूर तथा बहुदिशिगामिनी अभिव्यंजना और शक्ति है, उसका कोई और समाधान नहीं दिया जा सकता।

कोई आश्चर्य नहीं कि पंडित सुमित्रानन्दन पंत ने मार्क्स को ऊँट और श्री अरविन्द को पहाड़ माना है। विज्ञान के उत्थान ने मनुष्य को जो भौतिक सिद्धि प्रदान की, उसके सबसे बड़े व्याख्याता मार्क्स हैं। किन्तु वे उतने ही एकांगी हैं, जितना एकांगी विज्ञान है। मार्क्स ने आत्मा के अस्तित्व को स्वीकार नहीं किया क्योंकि आत्मा विज्ञान की प्रयोगशाला में प्रमाणित नहीं की जा सकती। वे केवल मैटर को लेकर बैठ गए। यही उनकी एकांगिता थी।

श्री अरविन्द ने आत्मा के साथ मैटर को भी स्वीकार किया और मनुष्य को यह बताया कि तुम यद्यपि प्रकृति के अब तक के निर्माणों में सबसे श्रेष्ठ हो, किन्तु विकास के क्रम में तुमने अभी आधी दूरी भी तय नहीं की है। मन तुम्हारा सबसे बड़ा यंत्र है, किन्तु इससे भी सूक्ष्मतर और सूक्ष्मतम यंत्रों की सम्भावनाएँ तुम्हारे भीतर छिपी हुई हैं। तुम्हें चाहिए कि तुम मन के धरातल से ऊपर उठने का प्रयास करो और उन शक्तियों को प्राप्त करो, जो मन की सीमा के परे तुम्हारा इन्तजार कर रही हैं।

डारविन ने मनुष्य से उसका देवत्व छीन लिया था। फ्रायड ने बताया कि आदमी करता तो वही काम है, जिसे वह करना चाहता है, किन्तु वह करना क्या चाहेगा, इस पर उसका

अधिकार नहीं है। इस प्रकार मनुष्य अपने देवत्व और स्वाधीनता–दोनों के विषय में सन्दिग्ध हो गया था। श्री अरविन्द मनुष्य को यह आशा दिला गए हैं कि मनुष्य देवता भी बन सकता है और स्वाधीन भी हो सकता है।

यद्यपि विज्ञानमय कोश के नाम से उपनिषदों के ऋषि चेतना की उस स्थिति को भी जानते थे, जो मन से आगे पड़ती है; किन्तु मन और विज्ञान के बीच कौन-कौन से पड़ाव हैं, इसका आख्यान श्री अरविन्द से पूर्व किसी ने नहीं किया था।

श्री अरविन्द का दूसरा बड़ा अवदान यह है कि उन्होंने वैयक्तिक मोक्ष को परम ध्येय नहीं माना। उनका परम ध्येय अतिमानसी चेतना को उतारकर सम्पूर्ण मानव जाति का अध्यात्मीकरण है, मनुष्य को उठाकर अतिमानसी चेतना के धरातल पर ले जाना है।

और चेतना के आकाश में मनुष्य ऊपर कैसे उठे, कैसे उसे अतिमानसी अवस्था की प्राप्ति हो, इसके लिए श्री अरविन्द ने पूर्ण योग का मार्ग निर्धारित किया।

मेरी वर्तमान पुस्तक की सबसे बड़ी त्रुटि यह है कि इसमें श्री अरविन्द के पूर्ण योग पर कोई निबन्ध नहीं है। लोभ तो हुआ था कि औरों की देखादेखी मैं भी एक निबन्ध लिख डालूँ और उसे इस पुस्तक में डाल दूँ; किन्तु आत्मा ने ऐसा करने की आज्ञा नहीं दी। मैंने देखा कि वर्षों की साधना के बाद भी मुझमें यह सामर्थ्य नहीं है कि श्री अरविन्द के पूर्ण योग का आख्यान मैं प्रामाणिकता और सफाई के साथ कर सकूँ। विद्या के विषय में दूसरों के उद्धरण से प्रामाणिकता आ जाती है, किन्तु साधना के पक्ष में यह प्रामाणिकता अपनी आत्मा के भीतर से आनी चाहिए।

साधना की सभी पद्धतियाँ एक ही दिशा में संकेत करती हैं अर्थात् वह मार्ग पकड़ो, जिससे मन निर्विचार हो जाए। महर्षि रमण का तो कहना था कि मन की निर्विचार स्थिति,

यही चरम ध्येय है। साधकों से वे कहते थे कि पुस्तक में जैसे हर दो अक्षरों के बीच कागज का एक सादा अंश रहता है, उसी प्रकार मन में उठनेवाले हर दो विचारों के बीच एक अवकाश है, जहाँ विचार नहीं है। इसी अवकाश या अन्तराल को बढ़ाते-बढ़ाते आदमी सम्पूर्ण निर्विचार की स्थिति में पहुँच जाता है। वे यह भी कहते थे कि सभी विचार मन के बाहर से आते हैं, इसलिए जब भी कोई विचार उठे, अपने-आपसे प्रश्न करो कि यह विचार कहाँ से आया है, किसके पास आया है! बस, इतने से ही वह विचार लौट जाएगा, जैसे टोक सुनते ही चोर लौट जाता है।

महर्षि कहते थे कि चाहे जिस मार्ग से भी चलो, एक स्थान पर पहुँचकर तुम्हें इस प्रश्न का सामना करना पड़ेगा कि 'मैं कौन हूँ?' इसलिए सुगम यह है कि तुम इसी प्रश्न से अपनी साधना आरम्भ करो। 'मैं कौन हूँ'–इस प्रश्न पर सोचते-सोचते तुम्हारा मन शान्त हो जाएगा और तुम्हें अपने स्वरूप का ज्ञान हो जाएगा।

कोई-कोई साधक महर्षि से शिकायत करता है कि 'मैं कौन हूँ, मैं कौन हूँ'–यह पूछते-पूछते बीस वर्ष बीत गए, लेकिन मन तो शान्त होने का नाम ही नहीं लेता है।

तब महर्षि कहते कि मन को समेटकर यदि तुम शान्ति में नहीं ले जा सकते, तो उसे तुम सर्वतोभावेन मुझे समर्पित कर दो। मैं मन को मार गिराऊँगा, उसे शान्त कर दूँगा।

लेकिन प्रत्येक साधक जानता है कि मन को समेटकर उसे शान्त कर देना जितना कठिन है, मन को सर्वतोभावेन गुरु या भगवान के चरणों में डाल देना भी उतना ही मुश्किल काम है। इन दोनों में से कोई भी काम आसान नहीं है। 'होय घुनाच्छर न्याय जो, पुनि प्रत्यूह अनेक'।

श्री अरविन्द का पूर्ण योग भी इन्हीं दो उपदेशों से आरम्भ होता है। मन को शान्त करो और सर्वतोभावेन भगवान के प्रति

समर्पित हो जाओ। मन के शान्त होने पर ही तुममें यह योग्यता आएगी कि तुम भगवान के प्रति समर्पित हो सको और जब तुम्हारा कमल भगवान की ओर अपना हृदय खोलेगा, तभी उसमें भागवत करुणा का स्रवण होगा।

कई साधकों का यह भाव है कि अपनी ओर से हमें कुछ भी करना नहीं है। समग्र मानवता की ओर से योग स्वयं श्री अरविन्द कर गए हैं या उसकी साधना श्रीमाँ कर रही हैं। हमारा काम यह है कि हम भगवान को समर्पित हो जाएँ और अपने कमल को उनकी ओर खोल दें। बाकी काम भागवत करुणा करेगी।

क्या इसी को 'कुछ नहीं करना' कहते हैं? भगवान की ओर अपने कमल को उन्मुक्त किये रहना, यह क्या मामूली बात है? यह क्या योग का सार नहीं है?

'सान्ध्य वार्ता' में कहीं पढ़ा था कि हठयोगियों को श्री अरविन्द अपना शिष्य नहीं बनाते थे। इसलिए नहीं कि हठयोग कोई हीन मार्ग है, बल्कि इसलिए कि वह मार्ग श्री अरविन्द का मार्ग नहीं था।

जब मैं श्री अरविन्द आश्रम जाने लगा था, श्री ऋषभचरण जैन जीवित थे। एक दिन मैंने उनसे पूछा, "श्री अरविन्द योग कैसे करते थे?"

श्री ऋषभचरण जी ने कहा, "मैं कुछ नहीं बता सकता। श्री अरविन्द मकान की जिस ऊपर वाली कोठरी में रहते थे, मैं ठीक उसी कोठरी के नीचे वाले कमरे में था। ऊपर से निरन्तर धप्-धप् की आवाज आती रहती थी, जिससे मैं समझता था कि श्री अरविन्द टहल रहे हैं। यही श्री अरविन्द का योग था।"

श्री सत्प्रेम ने भी लिखा है कि वर्षों तक श्री अरविन्द छह बजे शाम से लेकर छह बजे भोर तक लिखते रहते थे और तब आठ घंटे योग के लिए टहलते थे।

श्री अरविन्द का जीवन सतह पर रहा ही नहीं, अतएव उनके आन्तरिक जीवन और साधना के विषय में कोई भी बात अधिकारपूर्वक नहीं कही जा सकती। उनके कमरे के साथ लगा हुआ एक बरामदा था। सन् 1926 से लेकर सन् 1938 ई. तक वे कोठरी और बरामदा, दोनों में आते-जाते रहते थे। किन्तु सन् 1938 से लेकर सन् 1950 ई. तक वे बरामदे में आए ही नहीं, कोठरी में ही रह गए। यह रहस्य मुझे श्री चम्पकलाल जी से ज्ञात हुआ, जो श्री अरविन्द के द्वारपाल थे।

श्री चम्पकलाल जी ने मुझे बताया, "मैं रात में इस जगह सोता था, जिससे गुरु को दूसरी बार आवाज देने का कष्ट न करना पड़े।"

अर्थात् श्री अरविन्द टहलते हुए भी चेतना के आकाश में होते थे, मंजिल-पर-मंजिल पार करते होते थे; जो अभेद्य है, उसे भेदते होते थे; जो अचिन्त्य है, उसे देखते होते थे। श्री अरविन्द का योग चेतनापूर्वक आत्मानुसंधान का योग था। उनका योग खूँटी को कसकर चेतना के तारों को ऊपर ले जाने का योग था।

यह वह योग है, जो नाक दबाने से पूरा नहीं होता, कान और आँख बन्द कर लेने से नहीं बढ़ता, न आसन और धोती-नेती से पूर्ण होता है। वह सम्पूर्ण चेतना का योग है। साधक को इस योग में सम्पूर्ण अस्तित्व को लगाना पड़ता है।

मन को वहाँ शान्त करो, जहाँ उसका शान्त होना बहुत कठिन है, यानी दफ्तर में, कारखाने में, मेले और बाजार में तथा सबसे बढ़कर परिवार में।

हठयोग, राजयोग और प्राणायाम से भिन्न, श्री अरविन्द का योग शान्तियोग है।

पात्र को स्वच्छ करके उसे रिक्त छोड़ दो। तभी उसमें भागवत करुणा का मधु स्रवित होगा।

योग क्रिया नहीं, अस्तित्व-बोध है।

चेतना के बिखरे सूत्रों को एकत्र करके योग किया जाता है। अगर वे फिर बिखर गए, तो दिक्कत पेश आती है।

जैसे सारस पक्षी गरदन तानता है, वैसे ही गरदन तानकर चेतना मन की सीमा का अतिक्रमण करती है।

आरम्भ से ही चेतना बराबर ऊपर उठना चाह रही थी। उसके इसी ऊर्ध्वगामी प्रयास से, एक बिन्दु पर निरन्तर पड़नेवाले दबाव से मस्तिष्क की उत्पत्ति हुई। जो जानना चाहता है, वह मस्तिष्क नहीं है; मस्तिष्क के पीछे छिपी कोई और शक्ति है, जो मस्तिष्क का उपयोग करती है। इसीलिए मन के निचले स्तर को संकेतित करने के लिए श्री अरविन्द ने 'ब्रेन-माइंड' नामक एक नया शब्द निकाला था।

चेतना ही पंथ है, चेतना ही कुंजी है, चेतना ही गन्तव्य है।

चेतना को केवल पाँव ही नहीं हैं, आँखें भी हैं, बाँहें भी हैं और पंख भी हैं।

जब तक सब कुछ समझ में नहीं आता, तब तक कुछ भी समझना मुश्किल है।

सोचने की शक्ति बड़ी है, लेकिन न सोचने की शक्ति उससे भी बड़ी है।

ऐसा कोई काम नहीं, जिसे मन तो करता है लेकिन विचार-मुक्त मन नहीं कर सकता।

मन ज्ञान का साधन है, वह ज्ञान का संगठन करता है।

शान्ति ही वह कुंजी है, जिससे अपने ऊपर स्वामित्व प्राप्त होता है।

प्राणिक (वाइटल) को बार-बार साफ करो, मगर वह बार-बार गन्दा होगा। मन के शान्त होने पर प्राणिक उथल-पुथल स्वयं शान्त हो जाती है।

जीवन, निद्रा और मृत्यु—ये चेतना के मार्ग पर स्टेशन-मात्र हैं। सारी सृष्टि चित् का विलास है।

मृत्यु जीवन की अस्वीकृति नहीं, उसकी प्रक्रिया है।

विकास का क्रम अवरुद्ध नहीं हुआ है। वह अभी भी चल रहा है। योग वह प्रक्रिया है, जो विकास की प्रक्रिया को तेज करती है। इसीलिए योग मनुष्य मात्र को प्राप्त होगा।

और अन्त में, नये मनुष्य की पहचान यह है कि वह एक दिन अचानक जग पड़ता है और सोचने लगता है कि उसे कोई ऐसी वस्तु चाहिए, जो न विज्ञान के पास है, न धर्म के पास है, न कंचन, कामिनी और कीर्ति में है।

—रामधारी सिंह 'दिनकर'

पटना-16
26 जनवरी, 1973

अनुक्रम

श्री अरविन्द की कविताएँ

चेतना की शिखा

श्री अरविन्द : मेरी दृष्टि में

अभी संसार में चिन्तकों का एक खासा दल है, जो श्री अरविन्द को केवल मनीषी, दार्शनिक और कवि समझकर सन्तोष कर लेता है। मेरा विश्वास है कि श्री अरविन्द केवल दार्शनिक, कवि और मनीषी ही नहीं थे, वे मनुष्य के आसन्न आध्यात्मिक विकास के नेता, योगी और युगावतार थे। श्री अरविन्द ने योग और दर्शन पर जो अनेक ग्रन्थ लिखे हैं, वे मनुष्य की ऊँची-से-ऊँची मेधा के श्रेष्ठ प्रमाण हैं। किन्तु क्या केवल मेधा के बल पर 'सावित्री' काव्य की रचना की जा सकती थी? 'सावित्री' के रचयिता की दृष्टि के सामने गोचर और अगोचर, दोनों ही निरावरण हो गए थे। बुद्धि गोचर तक ही विहार करती है। बुद्धि के परे भी कोई शक्ति है, जो अगोचर को देख लेती है। श्री अरविन्द में बुद्धि का बड़ा ही प्राबल्य है, किन्तु 'सावित्री' काव्य बुद्धि की रचना नहीं है। वह उस शक्ति का चमत्कार है, जो बुद्धि की सीमा के परे विहार करती है, जिससे अदृश्य

देखा जाता है और अकथनीय का कथन किया जाता है। सावित्री अकथनीय के ही कथन का प्रयास है।

एक समय एशिया, विशेषतः भारतवर्ष, अपने आध्यात्मिक तेज के कारण संसार का अग्रणी महादेश समझा जाता था। आधुनिक युग में आकर संसार का अग्रणी महादेश यूरोप हो गया, क्योंकि विज्ञान और टेक्नोलॉजी को सिद्ध करके उसने अतुलित शक्ति और समृद्धि प्राप्त कर ली। एशिया ने आत्मा के क्षेत्र में विशेषता अर्जित की थी। यूरोप ने शरीर की भूमि पर चमत्कार उत्पन्न कर दिया। लगता है, भगवान की अगली इच्छा यह है कि यूरोप और एशिया की विशेषताओं के बीच समन्वय उत्पन्न किया जाए, जिससे अगला मनुष्य तन से सबल और समृद्ध तथा मन से योगी और निरासक्त हो।

श्री अरविन्द के विचारों के सम्पर्क में आने से बहुत पूर्व मैंने अपनी एक कविता में कहा था :

जागो रसिक विराग लोक के, मधुवन के संन्यासी।

अब मुझे लगता है कि इस पंक्ति में उसी मनुष्य की क्षीण झाँकी है, जिसकी सम्पूर्ण कल्पना श्री अरविन्द ने की है।

इस दृष्टि से पांडिचेरी का आश्रम भगवान की ही ओर से किया जानेवाला एक नूतन प्रयोग है। श्रीमाँ की नियति यह थी कि वे श्री अरविन्द की साधना में सहयोगिनी बनें। किन्तु उनका जन्म यूरोप में हुआ। श्री अरविन्द की साधना में यूरोप को जो योगदान देना था, उसका बहुत बड़ा अंश आश्रम में श्रीमाँ के साथ पहुँचा। यह भी ध्यान देने की बात है कि जिस व्यक्ति को भगवान मनुष्यता के आध्यात्मिक उद्धार का माध्यम बनाना चाहते थे, उस व्यक्ति को उन्होंने जीवन के पहले बीस वर्षों तक भारत के संस्कार से अछूता और बहुत दूर रखा था। श्रीमाँ यूरोप के संस्कार में पलकर भारत आईं और श्री अरविन्द भी पहले भारत में और फिर इंग्लैंड में यूरोपीय संस्कार में ही पले, यह सब कुछ भागवत योजना के अनुसार था।

जब श्री अरविन्द का जन्म हुआ, यूरोप अपनी सभ्यता के शिखर पर पहुँचा हुआ था और श्री अरविन्द के पिता डॉक्टर कृष्णधन घोष इस सभ्यता

के अनन्य पुजारी थे। यूरोपीय सभ्यता के सामने वे भारतीय सभ्यता को बहुत ही दुर्बल, अन्धविश्वासी और निस्सार समझते थे। उन्होंने पूरी कोशिश की थी कि श्री अरविन्द का लालन-पालन और शिक्षा-दीक्षा यूरोपीय विधि से हो और उन पर भारतीय संस्कार की छाया भी न पड़े। और हुआ भी यही। बीस वर्ष की उम्र तक श्री अरविन्द भारत की कोई भाषा नहीं जानते थे। किन्तु जिस व्यक्ति को भारतीय संस्कार से इतना अछूता रखने की कोशिश की गई थी, भगवान ने उसी व्यक्ति को अध्यात्म का उद्धारक और भारतीय संस्कार का तपोधन महर्षि बना दिया।

श्री अरविन्द के छात्र-जीवन के बारे में जो जानकारी मिलती है, उससे यह अनुमान तो होता है कि यह युवक कवि, चिन्तक, देशभक्त और पत्रकार हो सकता है किन्तु इसके लक्षण दिखाई नहीं देते कि यह योग-साधना की ओर जाएगा। श्री अरविन्द ने लिखा है कि अपनी किशोरावस्था में वे केवल सन्देहवादी ही नहीं, करीब-करीब नास्तिक भी थे। श्री अरविन्द को योग की पहली दीक्षा उनके बड़ौदा जीवन-काल में मिली और यह दीक्षा उन्हें एक महाराष्ट्रीय योगी ने दी थी, जिनका नाम श्री भास्कर लेले था। किन्तु संसार से अलग ले जाने के पहले भगवान श्री अरविन्द को संसार के तूफानों का भी स्वाद चखा देना चाहते थे। इसीलिए बंग-भंग के समय श्री अरविन्द बड़ौदा से कलकत्ता चले आए और राष्ट्रीय आन्दोलन की अत्यन्त प्रखर धारा में उन्होंने अपने-आपको फेंक दिया। उन दिनों 'वन्दे मातरम्' में श्री अरविन्द के जो लेख निकले, भारतीय राष्ट्रीयता के इतिहास में उतने प्रखर और निर्भीक लेख और कभी नहीं निकले थे। राजनीति के क्षेत्र में श्री अरविन्द ने केवल पाँच वर्ष काम किया, या यह भी कह सकते हैं कि केवल ढाई वर्ष काम किया, किन्तु उतने ही समय में सारा देश उनकी पूजा करने लगा और उनके लेखों के प्रभाव से देशभक्ति के मतवाले तेजस्वी युवकों की एक नई पीढ़ी तैयार हो गई। केवल ढाई वर्षों के अन्दर श्री अरविन्द ने देश के हृदय और मस्तिष्क को उस तरह से मथ डाला, जिस प्रकार वह पहले कभी मथा नहीं गया था। वीरता और निर्भीकता की ऐसी-ऐसी बातें कहीं, जो पहले कभी नहीं कही गई थीं। तत्कालीन कांग्रेस को उन्होंने ढाई वर्ष में ही पीटकर ठंडा कर दिया और जनता के हृदय पर इस बात को पक्की तरह से बिठा

दिया कि नरम दलीय कांग्रेस राष्ट्रीय नहीं है और भारत का ध्येय पूर्ण स्वाधीनता होना चाहिए।

तब श्री अरविन्द मानिकतला बम-केस में गिरफ्तार हुए और लोगों को यह आशंका होने लगी कि उन्हें फाँसी या कालेपानी की सजा अवश्य हो जाएगी। इस मुकदमे में श्री अरविन्द के वकील श्री सी.आर. दास थे। उन्होंने जज को सम्बोधित करते हुए कहा था कि जो युवक आपके सामने मुजरिम के रूप में खड़ा है, वह मानवता के इतिहास में अमर रहेगा, जबकि आप और हम विस्मृति के गर्भ में विलीन हो जाएँगे। अतएव आपको यह मानकर चलना चाहिए कि श्री अरविन्द इस अदालत के सामने नहीं, इतिहास के हाइकोर्ट के सामने खड़े हैं। श्री सी.आर. दास की यह भविष्यवाणी सत्य निकली। श्री अरविन्द रिहा कर दिये गए और मानवता के इतिहास ने सचमुच ही उन्हें अपने शिखर पर बिठा लिया।

सन् 1910 ई. में श्री अरविन्द अचानक राजनीति से मुख मोड़कर पांडिचेरी चले गए और वहाँ लिखने-पढ़ने और अध्यात्म की साधना में लीन हो गए। अनुमान है कि जब वे अलीपुर जेल में बन्द थे, तभी उन्हें कोई ईश्वरीय संकेत मिला था कि अब तुम्हें किसी और भी महत्तर साधना में लगना है, अतएव उसके लिए कोलाहल से अलग एकान्त में चले जाओ।

श्री अम्बालाल पुराणी श्री अरविन्द के अन्यतम भक्तों में से थे और जवानी के दिनों में वे क्रान्तिकारी भी रहे थे। सन् 1918 में वे जब श्री अरविन्द से मिलने को पांडिचेरी गए, उन्होंने निवेदन किया कि हमारी क्रान्ति की तैयारी पूरी हो चुकी है। आप हमारा पथ-प्रदर्शन करने को चलिए। उस समय श्री अरविन्द ने पुराणी जी से कहा था कि रक्तपात की आवश्यकता नहीं है। भारत रक्तपात के बिना ही स्वाधीन हो जाएगा। तुम योग की ओर उन्मुख हो। अतएव तुम्हारे लिए भी यही उचित है कि आश्रम में रहकर योग करो।

भारतीय स्वाधीनता-संग्राम को तीव्र बनाने के लिए श्री अरविन्द राजनीति में पड़े थे, किन्तु विश्व-मानवता के उद्धार के लिए वे योग-साधना में लग गए। परन्तु निभृत एकान्त में रहते हुए भी अपनी ओर से वे सारे संसार के सम्पर्क में थे। जब हिटलर ने सभ्यता को रौंदने के लिए युद्ध

आरम्भ किया, श्री अरविन्द ने मित्र-राष्ट्रों के समर्थन में वक्तव्य दिया था। जब श्री स्टैफोर्ड क्रिप्स समझौते की योजना लेकर भारत आए थे, श्री अरविन्द ने भारतीय नेताओं को सलाह भेजी थी कि वे क्रिप्स की योजना को स्वीकार कर लें। उस समय देश के नेताओं ने क्रिप्स की योजना को ठुकरा दिया, किन्तु अब कहीं-कहीं यह एहसास जगने लगा है कि अगर क्रिप्स योजना मान ली गई होती, तो वह देश के विभाजन से श्रेष्ठ समाधान हुआ होता।

किन्तु वह महत्तर आदर्श क्या था, जिसे प्राप्त करने के लिए श्री अरविन्द ने राजनीति से अपना हाथ खींच लिया? श्री अरविन्द ने जो कुछ लिखा है, उसके सहारे ही हमें उत्तर की कल्पना करनी होगी। संसार में दुःख असंख्य हैं और उन्हीं दुःखों को दूर करने के लिए सरकारें बनती हैं, सुधार के आन्दोलन चलाए जाते हैं, योजनाएँ बनती हैं और लड़ाइयाँ भी लड़ी जाती हैं। किन्तु इन समस्त चेष्टाओं के बावजूद दुःख अपनी जगह पर कायम है। योजनाएँ जहाँ सफल होती हैं, वहाँ भी सुखों के साथ असन्तोष और अशान्ति में वृद्धि होती है। सभी युद्ध शान्ति के लिए ही लड़े जाते हैं, लेकिन शान्ति आती नहीं और आ भी गई, तो वह टिकती नहीं है। श्री अरविन्द का कहना है कि ये सारे आन्दोलन, ये सारी क्रान्तियाँ, ये सारी लड़ाइयाँ केवल पैबन्द हैं। असली काम यह है कि मानवता को कोई नया वस्त्र दिया जाए। मानवता का नया वस्त्र, यानी मनुष्य का सम्पूर्ण रूपान्तरण। सृष्टि में पहले सब कुछ जड़ था। जड़ में से जीवन निकला और जीवन के भीतर से मन अथवा मानस उत्पन्न हुआ। शंकर के मायावाद को श्री अरविन्द नहीं मानते, न वे वैज्ञानिकों के भौतिकतावादी विकासवाद को स्वीकार करते हैं। उनका कहना है कि प्रकृति, द्रव्य या मैटर जड़ नहीं है। ब्रह्ममय होने के कारण उसके भीतर भी चेतना काम कर रही है। पुद्गल अगर जड़ होता, तो उसके भीतर से चेतन कैसे प्रकट हो सकता था? मनुष्य लाखों वर्षों से मन के धरातल पर खड़ा है, मन की समस्याओं का समाधान वह मन के ही साधनों से खोजने में लीन है, किन्तु समाधान उसे मिल नहीं रहा है। न यह समाधान उसे मन के जरिये कभी प्राप्त हो सकता है। आवश्यकता इस बात की है कि मनुष्य एक छलाँग लगाए और मन की सीमा के बाहर पहुँच जाए। मन की सीमा

के परे वाली भूमि को श्री अरविन्द अतिमानस कहते हैं। जब तक मनुष्य की अतिमानसी जाति उत्पन्न नहीं होती, उसकी समस्याओं का समाधान नहीं मिलेगा।

अतिमानस की भूमि का निर्देश श्री अरविन्द से पूर्व किसी भी ऋषि या दार्शनिक ने नहीं किया था। चेतना के आकाश का अनुसंधान करते-करते श्री अरविन्द एक ऐसे देश में जा पहुँचे, जो नक्शे पर था ही नहीं। वही देश अतिमानस का देश है। अतएव यह कल्पना सही या गलत है, यह शास्त्रों के उद्धरण द्वारा सिद्ध नहीं किया जा सकता। सत्य उसे हम इसलिए मानते हैं कि श्री अरविन्द ने जीवन भर, अनेक रूपों में, उसकी व्याख्या की है और हमसे कहा है कि हम उस पर विश्वास करें और उसे प्राप्त करने के लिए साधना और प्रयास भी। जब जीवन में से मन प्रकट हुआ, जीव-सृष्टि में बड़ी भारी क्रान्ति मच गई। जिस दिन मानस के भीतर से अतिमन प्रकट होगा, उस दिन मानव-समाज में उससे भी बड़ी क्रान्ति घटित हो जाएगी। अतिमानस के अवतीर्ण होने पर यह भौतिक जगत रूपान्तरित हो जाएगा और मनुष्य की एक ऐसी योनि प्रकट होगी, जो वर्तमान योनि से भिन्न और अत्यन्त श्रेष्ठ होगी और जो समस्याएँ मनुष्यों को आज घेरे हुए हैं, उनका कहीं नामोनिशान भी नहीं रहेगा।

श्री अरविन्द ने यह भी कहा है कि विकास का क्रम अवरुद्ध नहीं हुआ है, किन्तु बन्दर अब आदमी नहीं बनेंगे। विकास के क्रम ने मनुष्य को खींचकर मन के धरातल पर पहुँचा दिया है। अब जो भी विकास होगा, वह मनुष्य के शरीर का नहीं, उसकी चेतना का होगा। विकास का अगला सोपान अति-मन है। मनुष्य की अगली यात्रा मानस से चलकर अति-मानस पर पहुँचने की यात्रा है। मनुष्य अपने को रूपान्तरित करे, इसके सिवा उसके सामने कोई और विकल्प नहीं है।

श्री अरविन्द माया में विश्वास नहीं करते। वे ब्रह्ममय होने के कारण सारे जगत को सत्य मानते हैं। वे वैयक्तिक मुक्ति भी नहीं चाहते, न संसार को भूलकर ब्रह्म-सुख के समुद्र में मग्न रहना चाहते हैं। उनका ध्येय इसी जगत् में भागवत जीवन की स्थापना है। उनका ध्येय मनुष्य की चेतना को एक नये धरातल तक पहुँचाना है, जो अतिमानस का धरातल है।

भोग और वैराग्य, ये जीवन के दो अति बिन्दु हैं, दो चरम छोर हैं। भोगी केवल शरीर के सुख के लिए जीता है और वैरागी शरीर को सुखाकर, उसका तिरस्कार करके आत्मा को पाना चाहता है। श्री अरविन्द समझते हैं कि ये दोनों ही अतिवादी दृष्टिकोण हैं। शरीर आत्मा का मन्दिर है, अतएव शरीर की उपेक्षा नहीं की जा सकती। और आत्मा की भी उपेक्षा करना व्यर्थ है, क्योंकि शरीर के भीतर से आत्मा ही अभिव्यक्त होती है। आत्मा के अस्तित्व का यह भी एक प्रमाण है कि समस्त शारीरिक सुखों के बीच भी हम अतृप्ति का अनुभव करते हैं। किसी ऐसे लोक में पहुँचना चाहते हैं, जो शरीर की सीमा से परे है, जो आत्मा अथवा अध्यात्म का लोक है।

सत्प्रेम ने लिखा है कि पिछले पचास वर्षों से मनोविज्ञान इस कोशिश में रहा है कि मनुष्य के भीतर जो दानव है, उसके पाँव और भी दृढ़ता से जमा दिये जाएँ। मनुष्य उसे उतना बुरा न समझे, जितना आज तक वह समझता आया है। आन्द्रे मालरो की कल्पना यह है कि अगले पचास वर्षों तक हमें यह कोशिश करनी होगी कि मनुष्य के भीतर जो देवता उपेक्षित पड़े हैं, उनका तालमेल इस दानव के साथ कैसे बिठाया जाए; अर्थात् पुद्गल और आत्मा, जो परस्पर छिन्न हो गए हैं, उन्हें समन्वित कैसे किया जाए, यानी पृथ्वी पर भागवत जीवन की स्थापना कैसे हो।

श्री अरविन्द कर्म और ध्यान, गार्हस्थ और संन्यास का भेद नहीं मानते। उनके योग की पद्धति वह है, जिससे गृहस्थ और संन्यासी, दोनों का कल्याण समान रूप से हो सकता है। आरोह और अवरोह–ये दोनों क्रियाएँ गृहस्थ और संन्यासी, दोनों के लिए उपयुक्त हैं। हम परमात्मा की ओर उन्मुख होते हैं, यह आरोह यानी हमारा ऊपर उठने का प्रयास है। और हम जब ईश्वर की ओर उन्मुख होते हैं, उनकी कृपा अवरोह करती है यानी नीचे उतरती है और हमारा रूपान्तरण हो जाता है। जिसका आरोह जितना ही तीव्र है, उस पर करुणा का अवरोह भी उसी तीव्रता से होगा।

श्री अरविन्द की आध्यात्मिक योजना में अतिमानस की परिकल्पना ही सबसे अधिक महत्त्वपूर्ण और सबसे अधिक दुरूह है। श्री अरविन्द और श्रीमाँ जी ने हजारों बार इसकी व्याख्या की है, किन्तु मन की भाषा में हम लोग इसे न तो समझते हैं, न समझा सकते हैं। एक बात स्पष्ट है कि यह

उस चेतना का सर्वोच्च शिखर नहीं है, जिस चेतना के साथ हमारा थोड़ा-बहुत परिचय है। अतिमानसी चेतना ही शायद कोई भिन्न प्रकार की चेतना होगी। अतिमानस की कल्पना को लेकर हम लोग जिस कठिनाई में पड़ जाते हैं, उसे श्री अरविन्द भली भाँति जानते थे। इसीलिए 'सावित्री' काव्य में एक जगह उन्होंने लिखा है :

आत्मा की ज्योति पुद्गल में प्रदीपित होगी।
जो आज किसी की भी समझ में नहीं आता,
उसे कुछ थोड़े लोग आँखों से देखेंगे।
पंडित लोग तो बहस करते और सोते ही रहेंगे,
किन्तु भगवान बढ़ते चले जाएँगे।
आगमन के मुहूर्त के पहले आदमी जानेगा ही
नहीं कि कोई आनेवाला है।
और जब तक कार्य पूर्ण नहीं हो जाता,
मनुष्य को विश्वास नहीं होगा।[1]

---

1. In matter shall be lit the spirit's glow.
   A few shail see what none yet understands.
   God shall grow up while wise men talk and sleep.
   For man shall not know the coming till its hour.
   And beleif shall be not till the work is done.

श्री अरविन्द : राष्ट्रीयता के अग्रदूत

जिस साल (सन् 1872 ई.) श्री अरविन्द का जन्म हुआ, उसी साल फ्रेंच भाषा के नवोदित कवि आर्थर रेम्बू ने 'इलूमिनेशंस' नामक अपनी कविता की पुस्तक प्रकाशित की थी। मगर यह घटना प्रासंगिक नहीं कही जा सकती, यद्यपि आगे चलकर संसार 'इलूमिंड माइंड' (प्रकाशित मन) नामक एक नया शब्द श्री अरविन्द के मुख से सुननेवाला था। प्रासंगिक बात यह है कि जिस साल श्री अरविन्द शिक्षा समाप्त करके भारत लौटे (सन् 1893 ई.), उसी साल विश्व धर्म-संसद में भाग लेने को स्वामी विवेकानन्द ने अमरीका के लिए प्रस्थान किया और श्री मोहनदास करमचन्द गांधी दक्षिण अफ्रीका के लिए रवाना हुए, जहाँ भगवान उनके द्वारा सत्याग्रह का आदि प्रयोग करवानेवाले थे। इससे भी अधिक महत्त्वपूर्ण बात यह है कि जिस दिन (15 अगस्त) श्री अरविन्द का जन्म हुआ था, वही दिन, 75 वर्ष बाद जाकर, भारत का स्वतंत्रता-दिवस बन गया। यह भी विचित्र संयोग की बात है कि

जिस साल हम श्री अरविन्द की शतवार्षिक जयन्ती मना रहे हैं, उसी साल हमारी स्वतंत्रता की रजत-जयन्ती भी मन रही है।

भारत में राष्ट्रीयता का आरम्भ राजनीतिक नहीं, सांस्कृतिक आन्दोलन के रूप में हुआ था। अंग्रेजों के शासन या कुशासन की ओर हमारा ध्यान बाद को गया। पहले तो भारत की आत्मा उस विपत्ति का ही सामना करने को जाग उठी, जो विदेशी शिक्षा और संस्कार के कारण हमारे धर्म और हमारी संस्कृति पर आन पड़ी थी। गुलामी की जंजीरों से अपनी देह को मुक्त करने की चिन्ता भारत को बाद में हुई। पहले उसने अपनी आत्मा की रक्षा के लिए ही विदेशी प्रभावों के खिलाफ विद्रोह किया था।

और यह स्वाभाविक भी था। हमारा देश विदेशियों के द्वारा इतनी बार रौंदा जा चुका था कि सामरिक विजय या पराजय से वह ज्यादा विचलित नहीं होता था। लेकिन धर्म और संस्कृति पर आनेवाली विपत्ति को वह बर्दाश्त करने को तैयार नहीं था। अपनी धार्मिक, आध्यात्मिक और सांस्कृतिक परम्परा की रक्षा के लिए भारत ने कट्टर मुसलमानी जमाने में भी कम बलिदान नहीं दिया था। अब जब ईसाइयत और यूरोपीय बुद्धिवाद ने भारतीय संस्कृति पर आक्रमण किया, भारत की सनातन आत्मा, विचार के ऊँचे धरातल पर, उससे लड़ने को तैयार हो गई। यूरोपीय संस्कारों की प्रबलता ने भारत की क्या दशा कर दी थी, इसका विवरण स्वयं श्री अरविन्द के शब्दों में उपलब्ध है :

> 'केवल बंगाल ही नहीं, बल्कि सारा भारत देश यूरोपीय सभ्यता की शराब पीकर मदहोश हो रहा था। पश्चिम से आई हुई निरी बौद्धिक बातों पर फिदा होकर अपनी संस्कृति को भूल रहा था। भारत के लोग भी हर चीज को केवल बुद्धि से समझने, केवल बुद्धि के अधूरे औजार से परखने के आदी हो रहे थे। स्थिति इतनी बिगड़ी कि बंगाल के नौजवान नास्तिक हो गए और जो हाल बंगाल का था, वही घट-बढ़कर सारे देश का हो गया। भारत देश नास्तिकों का देश हो गया, संदेहवादियों का देश हो गया, सनकी नौजवानों का देश हो गया।'

इससे भी बुरी बात यह हुई कि जो भी भारतवासी इंग्लैंड जाकर वापस आए, वे अपने देश और अपनी सभ्यता से घृणा करने लगे। यूरोप के गुण

तो उन्होंने ग्रहण किये नहीं, हाँ, यूरोप की विकृतियों को उन्होंने बड़े शौक से अपना लिया और यहाँ अपने देशवासियों पर धौंस जमाने के खयाल से वे भारत की आदतों, रिवाजों, संस्था, धर्म और अध्यात्म-प्रेम की खिल्ली उड़ाने लगे। असल में वे न तो अंग्रेज बन सके, न भारतीय रह पाए। शराब पीना, गोमांस खाना और उल्लंग कामाचार में मस्त रहनाइन्हीं आदतों को अपनाकर वे अपने को यूरोप का समकक्ष मानने लगे थे। डॉक्टर राधाकृष्णन् ने खूब लिखा है कि 'उनकी आवाज यूरोप की आवाज की प्रतिध्वनि बन गई, उनका जीवन यूरोप से लिया गया उद्धरण बन गया और उनके भीतर जो रूह थी, वह बिगड़कर कोरा दिमाग बन गई। इससे भी बुरी बात यह हुई कि उनके भीतर जो स्वतंत्र आत्मा थी, उसने भोग की दासता स्वीकार कर ली, वह चीजों का गुलाम बन गई।'

कोई आश्चर्य नहीं कि जनता के हृदय पर ऐसा आघात लगा कि वह आधुनिकता के हर पहलू को सन्देह से देखने लगी और सोचने लगी कि पाश्चात्य सभ्यता का सोना भी ग्रहण करने योग्य नहीं है, क्योंकि उसके भीतर कहीं-न-कहीं खोट जरूर होगी। अंग्रेजी पढ़े-लिखे लोगों ने दुराचार के इतने अधिक दृष्टान्त उपस्थित किये कि जनता की आँखों में अंग्रेजी शिक्षा ही शंका की वस्तु बन गई। उस समय अंग्रेजी पढ़े-लिखे लोग अपने को आधुनिक और प्रगतिशील समझते थे। किन्तु उनके आचरण इतने उच्छृंखल थे कि आधुनिकता भारतवासियों की दृष्टि में बिलकुल हेय और तिरस्करणीय हो गई। यह आघात इतना भयानक और गम्भीर था कि देश आज तक भी उसके प्रभाव से मुक्त नहीं हो सका है। जनता के अवचेतन में यह घाव इतनी अधिक गहराई में चला गया कि आज भी कोई आधुनिक वस्तु या विचार जनता के सामने आ जाए, तो वह घबराने लगती है। उन्नीसवीं सदी के आधुनिकतावादियों ने यदि अपना चरित्र ठीक रखा होता, तो जनता आधुनिकता की ओर चलने में उतनी नहीं झिझकती, जितनी वह आज झिझक रही है।

भारतीय जनता का अवचेतन आध्यात्मिक आदर्शों से ओत-प्रोत है। यही कारण है कि स्वेच्छा से वह साम्यवाद का भी वरण करना नहीं चाहती, यद्यपि यह प्रत्यक्ष है कि हमारी जनता बहुत गरीब है और साम्यवाद का यह

स्वभाव है कि गरीबों को वह धोखा कभी नहीं देता। लेकिन सबसे बड़ा सवाल यह है कि साम्यवादी लोग नास्तिक क्यों हैं? वे हमारी आध्यात्मिक परम्परा की निन्दा क्यों करते हैं?

यही वह पृष्ठभूमि है, जिस पर भारतीय राष्ट्रीयता को परखा जाना चाहिए। यही वह कारण है, जिससे यह समझा जा सकता है कि श्री अरविन्द को राजनीति में क्यों आना पड़ा। वे तो महान कवि, विराट् दार्शनिक और महत्तम योगी बनने को उत्पन्न हुए थे। इससे इस बात पर भी प्रकाश पड़ता है कि यह निर्णय करना कठिन क्यों है कि भारत को मुक्ति दिलानेवाले महापुरुष महात्मा गांधी राजनीतिज्ञ थे या संत थे। इससे दुनिया के उन लेखकों को भी सबक लेना चाहिए जो भारत को उसी दृष्टि से समझना चाहते हैं, जिस दृष्टि का प्रयोग वे पश्चिम के देशों को समझने के लिए करते हैं। भारत के वर्तमान और भावी शासकों के लिए भी यह चेतावनी की बात है। भारतीय जनता के चिरपोषित आदर्शों के साथ अगर उन्होंने खिलवाड़ किया, तो जनता उसका बदला उन्हीं के सिक्कों में चुकाएगी। और अगर उन्होंने उन आदर्शों को बर्बाद करने की कोशिश की, जिन्हें जनता ने बड़ी-से-बड़ी मुसीबतों के समय भी सँभालकर रखा है, तो जनता भी शासकों को बर्बाद करने से नहीं चूकेगी। हमें बराबर यह याद रखना चाहिए कि जैसे हिन्दू धर्म अपरिभाषेय है, वैसे ही भारत की भी परिभाषा नहीं दी जा सकती।

इतिहास में ऐसा अनेक बार हुआ कि विदेशी जातियों और विदेशी संस्कृतियों ने भारत के धर्म और संस्कृति पर भयानक आक्रमण किये, किन्तु भारत हर बार उन हमलों से जूझकर साबित निकल आया। और अंग्रेजियत के हमले के बाद भी ऐसा ही हुआ। शरीर के धरातल पर तो भारत अंग्रेजों का गुलाम था, किन्तु आत्मा के धरातल पर वह ईसाइयत, अंग्रेजियत और यूरोपीय बुद्धिवाद से डटकर लोहा ले रहा था। हमारा पहला राष्ट्रीय आन्दोलन आतंकवादियों का आन्दोलन नहीं था, कांग्रेस का आन्दोलन नहीं था, बल्कि वह सांस्कृतिक और वैचारिक आन्दोलन था, जिसकी उत्पत्ति ब्रह्मसमाज और आर्यसमाज की प्रेरणा से हुई थी। हमारे पहले राष्ट्रीय नेता भी न तो तिलक जी थे, न महात्मा गांधी, न जवाहरलाल; बल्कि वे राजा राममोहन राय थे, परमहंस रामकृष्ण थे, स्वामी दयानन्द और स्वामी

विवेकानन्द थे। इन नेताओं की आध्यात्मिकता प्रबल थी, बौद्धिक शक्ति महान थी और आत्मबल अत्यन्त प्रखर था। उन्होंने अपनी सारी शक्तियों को भारत की आत्मा की रक्षा के कार्य में लगा दिया। वे हमारी श्रद्धा के अधिकारी इसलिए हैं कि जो लड़ाई उन्होंने लड़ी, उसमें वे जीत गए। जब विज्ञान और बुद्धिवाद का उदय हुआ, संसार के प्रायः सभी देशों में अतीत और वर्तमान के बीच संघर्ष छिड़ गया और प्रायः सभी देशों में वर्तमान जीता और अतीत हार गया। केवल भारत में वह आज भी जोरों से युद्ध कर रहा है। आधुनिकता को भारत में फैलने में कठिनाई हो रही है, क्योंकि भारत आधुनिकता के उन उपकरणों को आत्मसात् करने को तैयार नहीं है, जो उसकी प्रकृति के अनुकूल नहीं हैं। आधुनिकता अमिश्रित वरदान नहीं है। जब तक वह अपने कई दुर्गुणों से मुक्त नहीं हो जाती, तब तक भारत सर्वतोभावेन उसे स्वीकार नहीं करेगा। और वह जब भारत को स्वीकार्य हो जाएगी, तभी वह समस्त मनुष्य-जाति के लिए वरदान मानी जाएगी।

जब भारत संस्कृति के क्षेत्र में अपनी लड़ाई लड़ रहा था और वह विजय-बिन्दु के पास पहुँच चुका था, तभी इस सांस्कृतिक संघर्ष से हमारी राजनीतिक राष्ट्रीयता का जन्म हुआ। लेकिन यह राष्ट्रीयता याचनापंथी और भीरु थी। उन दिनों की कांग्रेस नरमदलीय लोगों के हाथ में थी और ये नरमदलीय नेता कोई ऐसी बात बोलना नहीं चाहते थे, जिससे ब्रिटिश सरकार नाराज हो या नेताओं की पद-प्रतिष्ठा और सुरक्षा पर कोई खतरा आए। वे मामूली सुधारों के लिए सरकार की सेवा में दरखास्त भेजने की नीति में विश्वास करते थे तथा अपनी बात को ताकत के साथ कहने की निर्भीकता उनमें नहीं थी। कुछ नेता इस नियम के अपवाद भी थे। किन्तु उनकी बात कांग्रेस में चलती नहीं थी। ऐसे विरले नेताओं में सबसे बड़ा नाम लोकमान्य तिलक का था, जो अपने समय के सबसे बड़े आदमी थे। जनता के अन्तर्मन में असन्तोष था, उत्साह था, कुछ कर गुजरने की उमंग थी, लेकिन देश में उस व्यक्ति का सर्वथा अभाव था, जो जनमानस की इस बेचैनी को समझ सके, और अभिव्यक्ति देकर उसे और धधका सके।

तब भारतीय क्षितिज पर एक पुण्यात्मा महापुरुष का उदय हुआ, जिसका चरित्र स्फटिक के समान उज्ज्वल और पवित्र था, जिसकी बौद्धिक

शक्ति इतनी ऊँची और महान थी कि उसका जोड़ संसार में शायद ही कभी देखा गया हो, जो कांग्रेस की राजनीति को आमूलचूल बदल डालने की उमंग से उच्छल था, जो उस दरवाजे को खोलने के लिए बेचैन था जिसके पीछे जनता का उत्साह पछाड़ें खा रहा था।

यह महापुरुष श्री अरविन्द घोष थे।

श्री अरविन्द के पिता का नाम डॉक्टर कृष्णधन घोष था। वे विलायत में डॉक्टरी पढ़कर भारत वापस आए थे। उस समय यूरोपीय सभ्यता अपनी उन्नति के शिखर पर थी। डॉक्टर कृष्णधन घोष यूरोप के इस बुद्धिवादी रूप के बड़े प्रेमी थे और चाहते थे कि भारत भी यूरोप के समान ही बुद्धिवादी और अध्यवसायी होने का प्रयास करे। वे भारत की रहस्यवादी चिन्ताधारा को शंका से देखते थे और यह समझते थे कि धुँधले रहस्यवाद का प्रेमी होने के कारण ही भारत आलसी, शिथिल और अकर्मण्य हो गया है। अतएव वे अपने बच्चों का लालन-पालन तथा शिक्षा-दीक्षा यूरोपीय ढंग से करवाना चाहते थे। उनकी खास चिन्ता यह थी कि उनके बच्चों पर भारत की रहस्यवादी परम्परा की छाया भी नहीं पड़े। उन्होंने इस बात के लिए काफी चौकसी बरती थी कि उनके बच्चे भारत की कोई भी भाषा न सीखें और भारत की परम्परा का उन्हें तनिक भी ज्ञान नहीं हो। सात वर्ष की उम्र तक श्री अरविन्द दार्जिलिंग के एक विदेशी स्कूल में रखे गए थे और सातवें वर्ष के पूरा होते-होते पिता उन्हें इंग्लैंड ले गए और वहाँ उन्हें किसी अंग्रेज परिवार में छोड़ आए। चौदह वर्षों के बाद जब श्री अरविन्द इंग्लैंड से भारत लौटे, तब उनकी उम्र इक्कीस वर्ष की थी। कहते हैं, तब तक न तो वे भारत की कोई भाषा जानते थे, न भारत की परम्परा का उन्हें कोई विशेष ज्ञान था। भारत की भाषाएँ सीखने का काम उन्होंने तब आरम्भ किया, जब सन् 1893 ई. में वे इंग्लैंड से वापस आकर बड़ौदा में रहने लगे।

श्रीमद्‌भगवद्‌गीता का अंग्रेजी अनुवाद पढ़ने के पूर्व वे बोदलेयर, मेलार्मे और रेम्बू को मूल फ्रेंच में पढ़ चुके थे और भारतीय साहित्य में प्रवेश करने से बहुत पहले उन्होंने अंग्रेजी, फ्रेंच, जर्मन, इटैलियन और ग्रीक भाषाओं के साहित्य का पूरा ज्ञान प्राप्त कर लिया था। पीछे उन्होंने जब संस्कृत सीखी, तब संस्कृत पर भी उनका ऐसा असाधारण अधिकार हो गया कि उन्होंने वेदों

पर भाष्य लिखा और उपनिषदों की व्याख्याएँ लिखीं, जिनका विद्वानों के बीच बड़ा सम्मान है।

पिता ने चाहा था कि श्री अरविन्द भारतीय बिलकुल ही न बनने पाएँ, किन्तु श्री अरविन्द प्रखर रूप से भारतीय बन गए। पिता ने चाहा था कि श्री अरविन्द पर रहस्यवाद की कहीं से छाया भी न पड़े, किन्तु श्री अरविन्द स्वयं उच्चतम कोटि के रहस्यवादी हो गए।

श्री अरविन्द के आन्तरिक व्यक्तित्व के भारतीयकरण के खिलाफ जो चौकसी बरती गई थी, भगवान नहीं चाहते थे कि वह चौकसी कामयाब हो। और हुआ भी वही, जो ईश्वर को मंजूर था। मैक्समूलर ने 'सेक्रेड बुक्स ऑव् द ईस्ट' नाम से जो अनेक पुस्तकें लिखी थीं, उन्हें श्री अरविन्द ने अंग्रेजी में पढ़ा और इंग्लैंड-प्रवास के समय ही भारत की आत्मा का एक अस्पष्ट रूप उन्हें दिखाई पड़ गया था। जब श्री अरविन्द इंग्लैंड में थे, उस समय आयरलैंड में स्वतंत्रता का आन्दोलन चल रहा था। श्री अरविन्द की इस आन्दोलन के प्रति गहरी सहानुभूति थी। वे शायद यह सपना भी देखने लगे थे कि भारत लौटने पर मैं भी अपनी मातृभूमि की स्वतंत्रता के लिए ऐसा ही आन्दोलन चलाऊँगा। श्री अरविन्द ने आई.सी.एस. की भी परीक्षा दी थी और उस परीक्षा में वे उत्तीर्ण हुए थे, किन्तु घुड़सवारी की परीक्षा के दिन वे गैरहाजिर हो गए। ऐसा उन्होंने यही सोचकर किया होगा कि आई.सी.एस. की नौकरी में फँस जाने पर स्वतंत्रता-आन्दोलन में काम करना असम्भव हो जाएगा।

देश-भक्ति का बीज उनके हृदय में बचपन में ही अंकुरित हो चुका था। यह बात उस ऐतिहासिक पत्र से स्पष्ट हो जाती है, जिसे श्री अरविन्द ने सन् 1905 ई. में अपनी पत्नी को लिखा था :

> 'जब कोई दैत्य माता की छाती पर बैठकर उसका रक्त-पान कर रहा हो, तब बेटे का क्या कर्तव्य होना चाहिए? क्या वह निश्चिन्त मन से भोजन करेगा? स्त्री और बच्चों को साथ लेकर आनन्द मनाएगा, अथवा वह अपनी माँ को दैत्य के कब्जे से छुड़ाने के लिए दौड़ेगा? मैं जानता हूँ कि इस गिरी जाति को ऊपर उठाने की शक्ति मुझमें है। यह शक्ति भौतिक नहीं है कि मैं तलवार या बन्दूक उठाकर शत्रु से लड़ूँ। मैं तो ज्ञान की शक्ति का प्रयोग करूँगा। क्षत्रिय की शक्ति

ही एकमात्र शक्ति नहीं है; शक्ति ब्राह्मण में भी होती है, किन्तु उसका आधार ज्ञान होता है। और यह भावना मेरे लिए नई नहीं है। मेरा तो जन्म ही इस भावना के साथ हुआ था। यही भावना है, जो मेरे जीवन का मिशन और उद्‌देश्य है। इसी महान ध्येय को प्राप्त करने के लिए भगवान ने मुझे पृथ्वी पर भेजा है। 14 साल की उम्र में यह भावना मेरे भीतर अंकुरित हुई थी और 18 वर्ष की आयु में तो उसकी जड़ गहराई में चली गई और वह अभेद्य हो गई।'

श्री अरविन्द मानते थे कि राष्ट्रीयता कोई राजनीतिक आन्दोलन नहीं है, वह तो हमारा धर्म है। उनका यह भी विश्वास था कि राष्ट्रीय आन्दोलन के असली नेता स्वयं भगवान होते हैं। कालक्रम में जो नेता प्रकट होते हैं, उनकी नियुक्ति स्वयं भगवान ही करते हैं।

बुद्धिवादियों को यह बात विचित्र-सी लगेगी और यह भी सम्भव है कि कुछ राष्ट्रीय आन्दोलनों पर श्री अरविन्द की यह उक्ति फिट नहीं बैठे। किन्तु जहाँ तक श्री अरविन्द का प्रश्न है, यह उक्ति उन पर पूरी तरह लागू होती है, क्योंकि श्री अरविन्द का जन्म राजनीति के लिए नहीं, उससे कहीं ऊँचे और महत्तर कार्य के लिए हुआ था। फिर भी भगवान ने उन्हें पाँच साल की छोटी अवधि के लिए राजनीति में भेजा और फिर उन्हें एकान्त में वापस बुला लिया। किन्तु इन्हीं पाँच वर्षों में श्री अरविन्द ऐसी-ऐसी निर्भीक बातें बोल गए, जो उनसे पूर्व बोली नहीं गई थीं। भारत के हृदय और मस्तिष्क को उन्होंने उस तरह से मथ डाला, जिस तरह वह पहले कभी भी मथा नहीं गया था और अन्त में उन्होंने वह मार्ग तैयार कर दिया, जिस मार्ग से भारत का स्वतंत्रता-संग्राम आगे बढ़नेवाला था।

यहाँ आकर, स्वभावतः ही, हमें गांधी जी की याद हो आती है। क्या महात्मा गांधी उसी मार्ग पर थे, जिसका संधान श्री अरविन्द ने किया था? गांधी जी ने क्या कुछ ऐसे कार्य नहीं किए, जिनका खयाल श्री अरविन्द को स्वप्न में भी नहीं आया होगा? श्री अरविन्द के कार्यों में कहाँ तक गांधी जी का पूर्वाभास था?

जिस तरह श्री अरविन्द भगवान के द्वारा नियुक्त नेता थे, उसी प्रकार गांधी जी भी भगवान के द्वारा ही भेजे गए थे। जब श्री अरविन्द का उदय

उग्र राष्ट्रीयता की प्रज्वलित, उद्दाम शिखा के रूप में हुआ, गांधी जी भारतवर्ष में नहीं थे। वे दक्षिण अफ्रीका में ठीक उसी कार्यक्रम का प्रयोग कर रहे थे, जिसका आख्यान और प्रचार श्री अरविन्द बंगाल में कर रहे थे। उनका प्रयोग 'पैसिव रेजिस्टेंस' का प्रयोग था, जिसे वे सत्याग्रह कहते थे और दक्षिण अफ्रीका में गांधी जी भी उसी शक्ति के खिलाफ युद्ध कर रहे थे, जिसे श्री अरविन्द भारत में ललकार रहे थे। गांधी जी ने सत्याग्रह का विचार श्री अरविन्द से लिया था या श्री अरविन्द ने गांधी जी से, इस विचिकित्सा में जाना ही फिजूल है। श्री अरविन्द और गांधी जी के सामने जो परिस्थिति थी, वह लगभग समान थी, अतएव समाधान भी दोनों को लगभग एक समान ही सूझा। लेकिन इस बात से इनकार नहीं किया जा सकता कि स्वदेशी आन्दोलन के दिनों में श्री अरविन्द ने जो कई कार्यक्रम चलाए थे, 1920 में और उसके बाद गांधी जी ने उन्हीं कार्यक्रमों को जोर से चलाया और उनका विस्तार भी किया। श्री अरविन्द ने जो बीज गिराये थे, गांधी जी के नेतृत्व में उन्हीं बीजों से निकले हुए वृक्ष महाकार हो गए। स्वदेशी-आन्दोलन के समय आजमाए गए कार्यक्रमों को गांधी जी के नेतृत्व में नये आयाम प्राप्त हुए और उनका प्रयोग, सच्चे अर्थों में, राष्ट्रीय धरातल पर किया गया। यह भी कहा जा सकता है कि गांधी जी ने पुराने कार्यक्रमों को नया रूप दिया, नई महिमा प्रदान की और उनके भीतर नये अर्थ भी भरे। साथ ही उन्होंने कई नये कार्यक्रमों का भी आविष्कार किया।

सन् 1905 ई. में श्री अरविन्द ने अपनी पत्नी को जो पत्र लिखा था, उसमें उन्होंने यह भी कहा था कि 'मेरा दृढ़ विश्वास है कि आदमी को जो भी योग्यता मिलती है, प्रतिभा और संस्कार मिलता है; विद्या, ज्ञान और धन प्राप्त होता है, वह सब-का-सब परमेश्वर का है। हमें अपने निजी उपयोग के लिए उतना ही रखना चाहिए, जो परिवार-पालन के लिए नितान्त आवश्यक हो, जिसके बिना हमारी न्यूनतम आवश्यकता की पूर्ति नहीं हो सकती हो। बाकी सारा धन हमें भगवान को अर्पित कर देना चाहिए, क्योंकि उन्हीं का उस पर अधिकार है। अगर मैं सारी कमाई अपने क्षुद्र व्यक्तित्व पर खर्च करता हूँ, अपने सुख और आराम में लगाता हूँ, तो वास्तव में मैं चोर हूँ।'

यह विशुद्ध गांधीवादी विचार है और इसके भीतर गांधी जी के ट्रस्टीशिपवाले सिद्धान्त के बीज प्रभूत मात्रा में मौजूद हैं। सभी संत, कुछ मामलों में, एक ही समान सोचते हैं। गांधी जी ने अपने ट्रस्टीशिप के सिद्धान्त से बड़ी आशा लगा रखी थी। लेकिन उस सिद्धान्त पर अब कोई नहीं चलता, यहाँ तक कि पब्लिक सेक्टर भी नहीं, जिसे सरकार अपनी चहेती संस्था मानती है।

विदेशी चीजों का बहिष्कार स्वदेशी-आन्दोलन के समय भी किया गया था और गांधी जी के कार्यक्रम में भी उसका ऊँचा स्थान रहा। लेकिन पहले जो वस्तु स्वदेशी थी, गांधी जी ने उसे खद्दर बना दिया। गांधी-युग में आकर राष्ट्रीय विद्यालयों और महाविद्यालयों की संख्या काफी बढ़ गई, लेकिन कुछ राष्ट्रीय विद्यालय और महाविद्यालय स्वदेशी-आन्दोलन के समय बंगाल में भी खोले गए थे। जब श्री अरविन्द ने बड़ौदा छोड़ा, वे एक राष्ट्रीय महाविद्यालय के ही प्राचार्य बनकर कलकत्ता आए थे। लेकिन यह बात जरूर हुई कि श्री अरविन्द ने जिस शक्ति को ब्राह्म तेज कहा था, गांधी जी ने उसे अहिंसा का कठोर व्रत बना दिया। श्री अरविन्द का ब्राह्म तेज बिलकुल परशुरामी तेज नहीं, तो कम-से-कम परशुराम के समीप पड़ता था। लेकिन गांधी जी ने परशुराम की जगह बुद्ध, महावीर और ईसा को बिठला दिया। 'इवनिंग टाक्स' से पता चलता है कि गांधी जी की अहिंसा को श्री अरविन्द ने कभी भी स्वीकार नहीं किया और बराबर वे उसका मजाक उड़ाते रहे।

अहिंसा के सिद्धान्त में श्री अरविन्द का विश्वास ही नहीं था। नीरदवरण ने अपनी पुस्तक 'टाक्स विद श्री अरविन्दो' में श्री अरविन्द की एक महत्त्वपूर्ण उक्ति का उल्लेख किया है : 'मेरा विचार तो सारे देश में खुली सशस्त्र क्रान्ति करने का था। लेकिन लोग उस समय जो कर बैठे, वह बिलकुल बचकाना काम था, जैसे मैजिस्ट्रेटों को पीटना। पीछे चलकर तो यह प्रवृत्ति आतंकवाद और डकैती की ओर चली गई, जिसकी बात मैंने सोची भी नहीं थी। हम तो सारे देश को जगाकर गुरिल्ला-पद्धति से अंग्रेजों के साथ युद्ध करना चाहते थे, जैसा आयरलैंड में सिनफिनवालों ने किया था। लेकिन अभी जो सैनिक स्थिति है, उसमें तो ऐसी बातें मुमकिन ही नहीं हैं और कोई तब भी साहस करे, तो उसकी असफलता निश्चित है।'

यही कारण था कि श्री अरविन्द ने हिंसा का मार्ग छोड़कर अप्रत्यक्ष अवरोध (पैसिव रेजिस्टेंस) की नीति का समर्थन किया। यह भी एक प्रकार की अहिंसक नीति ही थी, किन्तु अहिंसा को श्री अरविन्द धर्म नहीं, नीति ही मानते थे। इस प्रसंग में भी यह कहा जा सकता है कि श्री अरविन्द में गांधी जी का नहीं, गांधी-युग का पूर्वाभास था, क्योंकि गांधी जी तो अहिंसा को अपना धर्म मानते थे, किन्तु उनके लगभग सभी सहकर्मी और अनुयायी अहिंसा को कांग्रेस की नीति ही समझते थे।

उग्र राष्ट्रीयता का व्याख्याता होने के कारण श्री अरविन्द के इर्द-गिर्द ऐसे नौजवान भी इकट्ठे हो गए थे, जिनका विश्वास केवल हिंसा में था। इससे स्थिति यह बन गई कि नरम दल के नेता श्री अरविन्द को भी हिंसा का समर्थक मानने लगे।

नरल दल के नेता श्री गोपालकृष्ण गोखले उग्र राष्ट्रवादियों से बहुत नाराज थे। उनकी धारणा थी कि उग्र राष्ट्रवादी लोग शायद हिंसक क्रान्ति की तैयारी कर रहे हैं। एक बार अपने किसी लेख या भाषण में उन्होंने अप्रत्यक्ष रूप से यह लांछन उग्रतावादियों पर लगा भी दिया। श्री अरविन्द इन्हीं उग्रतावादियों के नेता थे, अतएव गोखले का खंडन करना उनके लिए अनिवार्य हो गया। गोखले को उत्तर देते हुए उस समय श्री अरविन्द ने लिखा था :

'हमने जनता से कहा है कि चाहे जिस प्रकार का भी स्वराज्य हम चाहते हों, उसे प्राप्त करने का शान्तिमय साधन भी है। हमने कहा है कि अपनी सहायता आप करके यानी असहयोग (पैसिव रेजिस्टेंस) के द्वारा हम अपने लक्ष्य को प्राप्त कर सकते हैं। इसका अर्थ यह है कि कुछ बातों में हम इस देश की सरकार के साथ तब तक सहयोग नहीं करेंगे, जब तक वह चीज हमें हासिल न हो जाए, जिसे हम अपना अधिकार समझते हैं। दूसरी बात यह है कि अगर हम पर अत्याचार किया जाएगा, सरकार अगर हम पर दमन का चक्र चलाएगी, तब भी उसका सामना हम हिंसा से नहीं, सहनशक्ति से करेंगे, असहयोग से करेंगे, कानूनी तरीकों से करेंगे। हमने अपने नौजवानों से यह नहीं कहा है कि जब तुम्हारा दमन किया जाए, तुम प्रतिशोध से काम लो। हमने यही कहा है कि जब तुम पर अत्याचार किए जाएँ, तुम उन्हें बर्दाश्त करो। इस देश के लोगों को हम असहयोग का मार्ग दिखा रहे हैं।

यही वह एकमात्र मार्ग है, जिस पर चलकर इस देश की जनता कानून को भंग किये बिना, हिंसा की शरण गए बिना, अपनी जायज उमंगों और उचित अभिलाषाओं को पूर्ण कर सकती है।''

ऊपर के उद्धरण से यह स्पष्ट हो जाता है कि यह कल्पना सबसे पहले श्री अरविन्द ने ही की थी कि असहयोग और सत्याग्रह ही इस देश में अंग्रेजों से लड़ने के सबसे कारगर हथियार हैं, यद्यपि 'सत्याग्रह' शब्द श्री अरविन्द का आविष्कार नहीं है। 'सत्याग्रह' शब्द की ईजाद करके गांधी जी ने उसके भीतर जो अर्थ भरा, उसी अर्थ को संकेतित करने के लिए श्री अरविन्द 'पैसिव रेजिस्टेंस' शब्द का प्रयोग करते थे। इसलिए श्री अरविन्द को भारतीय राष्ट्रीयता का पैगम्बर या अग्रदूत कहना अत्युक्ति की बात नहीं है। श्री अरविन्द को यह विरुद स्वयं श्री चित्तरंजन दास ने प्रदान किया था, जब अलीपुर बमवाले मुकदमे में वे श्री अरविन्द की ओर से पैरवी कर रहे थे।

लेकिन गांधी जी और श्री अरविन्द के बीच सबसे बड़ा अन्तर यह था कि गांधी जी अहिंसा को धर्म मानते थे और उसमें किसी भी तरह की मिलावट उन्हें पसन्द नहीं थी। श्री अरविन्द के लिए अहिंसा धर्म नहीं, आपद्धर्म थी। जब श्री देवदास गांधी ने श्री अरविन्द से यह पूछा कि अहिंसा के बारे में आपका क्या विचार है, तब श्री अरविन्द ने एक दूसरा प्रश्न पूछकर देवदास जी को चुप कर दिया, 'मान लो कि अफगान लोग तुम्हारे देश पर चढ़ाई कर दें, तो अहिंसा से तुम उनका मुकाबला कैसे करोगे?'

हृदय-परिवर्तन की नीति के बारे में भी श्री अरविन्द को सन्देह था। वे कहते थे कि जिसे तुम हृदय-परिवर्तन कहते हो, वह दबाव का परिणाम है, 'कोअर्सन' का नतीजा है।

गांधी जी और श्री अरविन्द के बीच समानता की एक बात यह भी है कि दोनों-के-दोनों नेता ईश्वर को प्रत्यक्ष देखना चाहते थे। गांधी जी ने यह बात अपनी आत्मकथा या किसी लेख में लिखी है : 'आइ वांट टू सी गॉड फेस टू फेस।' और यही बात श्री अरविन्द ने अपनी पत्नी को पत्र में लिखी थी।

गांधी जी को भारत की स्वाधीनता का मुख्य निर्माता घोषित करके इतिहास ने न्याय और औचित्य का ही पालन किया है। लेकिन स्वतंत्रता के युद्ध में श्री अरविन्द का योगदान भी प्रायः समान महत्त्व का योगदान था।

कांग्रेस तो दरखास्त भेजकर सरकार से भीख माँगनेवाली संस्था थी। उसकी इस भीरु नीति को हटाकर उसके भीतर वीरता का भाव भरने का आन्दोलन श्री अरविन्द ने ही चलाया था। वही आन्दोलन गांधी जी के आगमन के साथ सफल हो गया और कांग्रेस मिमियाने वाली संस्था से बढ़कर गरजनेवाली संस्था बन गई। दूसरी बात यह है कि भारत का लक्ष्य पूर्ण स्वराज्य होना चाहिए, इस ध्येय की भी घोषणा और परिभाषा सबसे पहले श्री अरविन्द ने ही की थी। किन्तु यह ध्येय भी गांधी-युग में कोई दस वर्ष तक हवा में मँडलाता रहा, नौजवानों के दिलों में सुलगता रहा। अन्त में सन् 1930 ई. में कांग्रेस ने उसे तब स्वीकार किया, जब युवक-हृदय-सम्राट पं. जवाहरलाल नेहरू कांग्रेस के सभापति हुए।

सन् 1893 ई. में श्री अरविन्द की उम्र कुल इक्कीस वर्ष की थी और वे तुरन्त इंग्लैंड से वापस आए थे। लगता है, इंग्लैंड में रहते समय ही श्री अरविन्द के भीतर यह बेचैनी शुरू हो गई थी कि भारतीय कांग्रेस की नीति ठीक नहीं है। अतएव सारे देश को जगाकर, उसे पूर्ण स्वतंत्रता का ध्येय बताकर कांग्रेस को निर्भीक देशभक्तों की संस्था बनाना आवश्यक है। अभी भारत आए उन्हें केवल छह मास हुए थे कि बम्बई के 'इन्दुप्रकाश' में उन्होंने 'पुराने दीपों की जगह नये दीप' नाम से एक लेखमाला आरम्भ कर दी, जिसमें कांग्रेस और उसके तत्कालीन नेताओं की कठोर और निर्भीक आलोचना थी। इन लेखों को पढ़कर कांग्रेस के नेता डरने और घबराने लगे। अतः महादेव गोविन्द रानाडे ने 'इन्द्रुप्रकाश' के प्रकाशक से कहा कि अगर ऐसे लेख तुम छापते रहे, तो एक-न-एक दिन मुसीबत में फँस जाओगे। निदान, 'इन्दुप्रकाश' ने उस लेखमाला को छापना बन्द कर दिया। इस लेखमाला के एक लेख में श्री अरविन्द ने लिखा था कि 'कांग्रेस के बारे में मुझे यह कहना है कि इसके उद्‌देश्य गलत हैं और जिस भाव से कांग्रेस उन उद्‌देश्यों की ओर बढ़ना चाहती है, वह सचाई और ईमानदारी का भाव नहीं है। कांग्रेस ने इन उद्‌देश्यों को प्राप्त करने के लिए जो तरीके चुने हैं, वे तरीके भी गलत हैं और जिन नेताओं में कांग्रेस का विश्वास है, वे नेता भी सही किस्म के नेता नहीं हैं। जिस कांग्रेस को हम राष्ट्रीय कहते हैं, वह न तो राष्ट्रीय है, न राष्ट्रीय बनने के प्रयास में है।'

श्री अरविन्द ने यह भी लिखा था कि 'जो कांग्रेस जनता का प्रतिनिधित्व नहीं करती, केवल एक, और वह भी सीमित वर्ग की नुमाइन्दगी करती है, उसे राष्ट्रीय कहना किसी भी तरह ईमानदारी की बात नहीं है। हमारे सामने जो परिस्थिति खड़ी है, उसकी असली कुंजी सर्वहारा के पास है। जो सर्वहारा आज अज्ञान के अन्धकार और मुसीबत में पड़ा है, वही हमारी एकमात्र आशा और आश्वासन है, वही हमारे भविष्य का अवलम्ब है।'

यह शायद पहली बार था, जब हमारे देश की राजनीति में सर्वहारा यानी 'प्रोलेतेरियत' शब्द का उल्लेख किया गया था।

अपने लेखों के द्वारा श्री अरविन्द ने एक-पर-एक जो अनेक बम फेंके, उनके चलते देश की जड़ता और निष्क्रियता की जड़ें हिल गईं और जो निर्भीक विचार उन्होंने प्रकट किए, उनसे उग्र राष्ट्रीयता का भाव आप-से-आप उभरने लगा। श्री अरविन्द के निर्भीक विचारों का प्रभाव यह हुआ कि जो भी नौजवान निर्भीक होकर सोचते थे, वे परस्पर समीप आने लगे और देश में नरम दलीय लोगों के खिलाफ एक गरम दल तैयार होने लगा। नरम दल पर इस गरम दल की निर्णायक जीत तब हुई, जब कांग्रेस गांधी जी के नेतृत्व में आई और गरम दल के कारवाँ को आगे बढ़ते देखकर नरम दल के नेता कांग्रेस से अलग हो गए।

जहाँ तक सेक्यूलरिज्म की बात है, मेरा खयाल है, गांधी जी उस शब्द के कोषगत अर्थ के अनुसार सेक्यूलर नहीं थे, क्योंकि सेक्यूलर शब्द का अर्थ अध्यात्म-विरोधी होता है। हम ज्यादा-से-ज्यादा यही कह सकते हैं कि वे सभी धर्मों को समान समझते थे, बल्कि उन्हें अपना ही धर्म मानते थे। किन्तु श्री अरविन्द की राजनीति सेक्यूलर नहीं, आध्यात्मिक थी। अपने लेखों और भाषणों में वे खुलकर कहते थे कि राष्ट्रीय आन्दोलन के नेता भगवान हैं। वे यह भी कहते थे कि भारत के सनातन धर्म को अपनी ही रोशनी से चमकना चाहिए और उस पर हमें पाश्चात्य जगत् के विचारों और योजनाओं के बादलों को छाने नहीं देना चाहिए। सन् 1920 ई. में जोसेफ बैपटिस्टा के पत्र के उत्तर में उन्होंने लिखा था कि 'मेरे लिए सेक्यूलर नाम की कोई चीज नहीं है। मनुष्य की सभी चेष्टाओं को मैं आध्यात्मिक जीवन में समाहित करना चाहता हूँ और अभी तो राजनीति की आवश्यकता सबसे प्रधान है।'

सन् 1904 ई. में श्री अरविन्द ने भवानी मन्दिर का घोषणा-पत्र लिखा था, जिसमें उन्होंने कहा था कि 'भारत का विनाश नहीं होगा क्योंकि मनुष्य-जाति की नाना शाखाओं में से भारत ही सबसे प्रधान है और मनुष्य-जाति की जो सबसे बड़ी नियति है, सबसे गौरवपूर्ण ध्येय है, उसे भारत ही चरितार्थ करेगा। समस्त संसार अपना भावी धर्म भारत से ही प्राप्त करेगा और वही धर्म विभिन्न धर्मों, दर्शनों और विज्ञान को समन्वित करके मनुष्य-जाति को एक बनाएगा।'

उस घोषणा-पत्र में श्री अरविन्द ने यह भी कहा था कि 'भारत में जब भी शक्ति का उदय हुआ है, उसका स्रोत धार्मिक जागरण रहा है। जब-जब इस देश में धर्म की पूरी जागृति हुई, तब-तब यह देश शक्ति-सम्पन्न हुआ है और जब-जब धर्म की जागृति में कमी रही है, हमारी राष्ट्रीय शक्ति भी क्षीण रही है। अगर अपने ध्येय की प्राप्ति के लिए हम विदेशी तरीकों का इस्तेमाल करेंगे, हमारी प्रगति धीमी रहेगी, कष्टपूर्ण रहेगी, अधूरी रहेगी और हम अपने ध्येय तक पहुँच भी नहीं पाएँगे तब हम उस मार्ग को क्यों नहीं पकड़ें, जिसे भगवान ने हमारे लिए प्रशस्त कर रखा है?'

संसार में आध्यात्मिक क्रान्ति लाने का जो दर्शन श्री अरविन्द ने आगे चलकर तैयार किया, उसके बीज भवानी मन्दिर की योजना में मौजूद थे।

श्री अरविन्द सेक्यूलर नहीं, आध्यात्मिक नेता थे और भारत के राजनीतिक आन्दोलन को भी वे आध्यात्मिक मार्ग पर चलाना चाहते थे, क्योंकि उनका दृढ़ विश्वास था कि भारत को इसलिए स्वाधीन होना है कि वह सारी मानवता को अध्यात्म का सन्देश पहुँचा सके।

किन्तु भारत का स्वाधीनता-आन्दोलन अन्ततः उस मार्ग पर नहीं रहा, जिसकी कल्पना तिलक और श्री अरविन्द ने की थी अथवा जो स्वयं गांधी जी को पसन्द था। सन् 1938 ई. के दिसम्बर महीने में श्री अरविन्द ने कहा था : 'भारतवर्ष अब यूरोपीय समाजवाद की ओर जा रहा है, जो उसके लिए खतरनाक है। हम लोग भारत की प्रकृति और शक्ति को भारतीय पद्धति से जगाना चाहते थे। उस समय जो चीज जागी थी, वह भारत की आत्मा थी और उसने बड़े-बड़े व्यक्तियों को उत्पन्न किया था। उस समय भारतीय आन्दोलन के नेता या तो योगी थे या योगियों के शिष्य थे।'

29 सितम्बर, 1905 ई. के दिन बंगाल का विभाजन कानून का तथ्य बन गया और इस कानून के विरोध में सारा बंगाल एक होकर विद्रोह कर उठा। जैसे-जैसे जनता के भीतर क्रान्ति का जोश बढ़ा, वैसे-ही-वैसे सरकारी दमन-चक्र की भीषणता भी बढ़ने लगी। उस आन्दोलन के दौरान जो राष्ट्रीय कार्यक्रम चालू किया गया, उसमें स्वदेशी, राष्ट्रीय शिक्षा और विदेशी माल के बहिष्कार का प्रमुख स्थान था। इन्हीं कार्यक्रमों के अधीन कलकत्ते में एक राष्ट्रीय महाविद्यालय खोला गया तथा सन् 1906 ई. में श्री अरविन्द अन्तिम बार बड़ौदा छोड़कर इस महाविद्यालय के प्राचार्य-पद को सुशोभित करने के लिए कलकत्ता आ गए।

प्राचार्य का काम केवल निमित्त मात्र था। वास्तव में कलकत्ता पहुँचते ही श्री अरविन्द उग्र राष्ट्रवादियों के कर्णधार बन गए। उन्हीं दिनों श्री विपिनचन्द्र पाल ने 'वन्दे मातरम्' नाम से एक दैनिक पत्र निकाला था। इस पत्र के साथ श्री अरविन्द का प्रगाढ़ सहयोग भारतीय इतिहास को प्रभावित करनेवाली महान घटना बन गया। 'वन्दे मातरम्' के स्तम्भों के द्वारा श्री अरविन्द देश की सोई हुई शक्ति को इस प्रखरता से जगाने लगे, जिस प्रखरता से वह पहले कभी भी जगाई नहीं गई थी। देशभक्ति और राष्ट्रीयता के भावों को इस तरह उभारने लगे, जैसे वे पहले कभी भी उभारे नहीं गए थे। श्री अरविन्द का नाम तो 'वन्दे मातरम्' में छपता नहीं था, किन्तु वह पत्र ही बंगाल में राष्ट्रीय आन्दोलन का नेता बन गया और उसका प्रभाव बंगाल तक ही सीमित न रहकर सारे देश में फैलने लगा। 'वन्दे मातरम्' के भीतर आरम्भ से ही श्री अरविन्द का हाथ था। इस पत्र की निर्भीक नीति, प्रखर चिन्तन, स्पष्ट विचार, निर्दोष और शक्तिशालिनी शैली, तिलमिला देनेवाले व्यंग्य और शिष्ट मजाक ऐसे थे, जिनसे टक्कर लेने की शक्ति ऐंग्लो-इंडियन अखबारों में भी नहीं थी। कोई आश्चर्य नहीं कि दो-चार महीनों में ही श्री अरविन्द कुछ छात्रों के ट्यूटर के पद से उठकर सारे देश के महाशिक्षक और नेता बन गए।

श्री अरविन्द की शक्तिशालिनी, निर्भीक और प्रेरणादायिनी लेखनी के प्रताप से 'वन्दे मातरम्' जाग्रत् और उदयशील राष्ट्र का प्रवक्ता बन गया। समकालीन समस्याओं से जूझते-जूझते उसने देश में नये योद्धाओं की एक पूरी

पीढ़ी ही उत्पन्न कर दी। इस पीढ़ी ने स्वतंत्रता-संग्राम में डटकर भाग लिया और अन्त में देश को स्वाधीन करने का भी श्रेय इसी पीढ़ी को प्राप्त हुआ।

'वन्दे मातरम्' के स्तम्भों द्वारा श्री अरविन्द ने बहुत शीघ्र सारे देश को जगा दिया, उसके भीतर प्रेरणा भर दी और उसे उठाकर अपने पाँवों पर खड़ा कर दिया। देश के करोड़ों निःशस्त्र एवं दुर्बल मानवों के भीतर श्री अरविन्द ने आत्मविश्वास की भावना जगा दी। वे अपनी स्वत्व-प्राप्ति के लिए बेचैन हो उठे एवं उनका आक्रोश श्री अरविन्द के भीतर से व्यक्त होने लगा। 'वन्दे मातरम्' में श्री अरविन्द के जो लेख प्रकाशित हुए, उनसे श्री अरविन्द के कई रूपों पर प्रकाश पड़ता है : वे भारत की जागृति के पैगम्बर थे; वे मूक और निरीह जनता के प्रवक्ता थे; वे क्रान्ति के पावरहाउस और उग्र राष्ट्रवादियों के सिपहसालार थे।

चूँकि श्री अरविन्द का नाम उनके किसी भी लेख के साथ नहीं छपता था, इसलिए सरकार यह जानने को व्याकुल थी कि आखिर कौन यह लेखक है, जो इतनी आग उगल रहा है और ऐसी खूबी के साथ कि उसे कानून के शिकंजे में भी लाना मुश्किल है? लेकिन अन्त में सरकार के गुप्तचरों ने परदे को उठा दिया और सरकार को यह मालूम हो गया कि ये लेख और किसी के नहीं, श्री अरविन्द के हैं।

इसलिए अगस्त, 1907 ई. में सरकार ने श्री अरविन्द को गिरफ्तार कर लिया। किन्तु अभियोग चूँकि सिद्ध नहीं हो सका, श्री अरविन्द छोड़ दिये गए। लेकिन इस मुकदमे ने देश का एक बड़ा भारी उपकार कर दिया। लोग समझ गए कि 'वन्दे मातरम्' के भीतर से श्री अरविन्द ही देश को झकझोर रहे थे। सो क्षणमात्र में श्री अरविन्द का नाम सारे देश में गूँज गया और जनता उनकी पूजा करने लगी। देश के कोने-कोने से प्रशंसा, प्रेम, श्रद्धांजलि और प्रशस्ति की धारा श्री अरविन्द की ओर दौड़ने लगी। यह घटना इतनी ऐतिहासिक और नाटकीय थी कि देश के सबसे बड़े जीवित कवि श्री रवीन्द्रनाथ ठाकुर उससे अनुप्रेरित हो उठे और 'अरविन्द, लहो रवीन्द्रेर नमस्कार' शीर्षक से श्री अरविन्द पर उन्होंने एक काफी लम्बी कविता रच डाली। और अंग्रेजी के एक अखबार ने श्री अरविन्द का अभिनन्दन करते हुए लिखा :

'जो लोग क्षण भर की तितली हैं, सुविधा और सुरक्षा के गुलाम हैं, उन्हें अगर श्री अरविन्द के बगल में खड़ा कर दिया जाए, तो ये लोग कितने छोटे और दयनीय नजर आएँगे!'

जब श्री अरविन्द बड़ौदा में थे, उनकी मुलाकात एक योगी से हुई थी, जिनका नाम श्री भास्कर लेले था। लेले जी ने श्री अरविन्द को मनःशक्ति की क्रिया बताई। श्री अरविन्द का मन तीन दिनों की साधना में ही परिशान्ति की अवस्था को पहुँच गया। कहते हैं, श्री अरविन्द जहाँ भी जाते थे, पारखी उस शान्ति का अनुभव करते थे, जो उनकी आकृति से निःसृत होती थी। पारखियों को उस उच्चावस्था का भी बोध होता था, जहाँ से श्री अरविन्द के प्रवचन शान्तिमय गति से प्रवाहित होते थे। सार्वजनिक सभाओं में वे पेशेवर राजनीतिज्ञ की तरह नहीं बोलते थे, राजपुरुष के समान भी नहीं बोलते थे, उनका भाषण पैगम्बर की शैली में होता था, धर्म के रहस्यज्ञाता की शैली में होता था। उदाहरणार्थ एक भाषण में उन्होंने कहा था : 'राष्ट्रीयता धर्म है, जो भगवान के यहाँ से आया है। इस धर्म के द्वारा हम पूरे राष्ट्र में, अपने सभी देशवासियों के भीतर के स्वरूप का दर्शन करना चाहते हैं। हम इस प्रयास में हैं कि अपनी तीस करोड़ जनता के रूप में हम ईश्वर-दर्शन की अनुभूति प्राप्त कर सकें।'

इसे पढ़कर ऐसा लगता है, मानो हम स्वामी विवेकानन्द की वाणी सुन रहे हों, जो पहले ही स्वर्गीय हो चुके थे; मानो हम गांधी जी की आवाज सुन रहे हों, जो दस साल बाद पधारनेवाले थे।

उग्र राष्ट्रवाद का जो व्यापक प्रचार श्री अरविन्द ने किया, उसके चलते कांग्रेस भीतर ही भीतर दो दलों में विभक्त होने लगी। जहाँ तक नरम दल का सम्बन्ध था, उसके नेता सर फिरोजशाह मेहता, गोपाल कृष्ण गोखले, सुरेन्द्रनाथ बनर्जी और रासबिहारी घोष के समान बड़े-बड़े लोग थे। उग्रतावादियों के बड़े नेता लोकमान्य तिलक, लाला लाजपतराय और श्री अरविन्द थे। उग्रतावादी इस कोशिश में थे कि कांग्रेस को नरम दलीय नेताओं के नेतृत्व से मुक्त करके उसे अपने कब्जे में ले लिया जाए। 1907 ई. के दिसम्बर महीने में सूरत में जो कांग्रेस हुई, उसमें दोनों दलों के बीच मुठभेड़ हो गई। जाहिरा प्रश्न यह था कि कांग्रेस का सभापति कौन हो : लोकमान्य

तिलक या रासबिहारी घोष? किन्तु वास्तव में यह संघर्ष दो विचारधाराओं के बीच था। राष्ट्रवादी नौजवान इस तैयारी के साथ सूरत गए थे कि अगर कांग्रेस पर हम कब्जा नहीं कर सके, तो हम उसे तोड़ देंगे। लेकिन तिलक जी और लाजपतराय को यह बात मालूम नहीं थी। लाजपतराज तो इस विचार के थे कि नरम दलवालों को साथ लेकर ही कांग्रेस को चलाया जाए, नहीं तो राष्ट्रवादियों को सरकार की भयानक दमन-नीति का सामना करना पड़ेगा। किन्तु जब नरम दलवाले थोड़ा भी झुकने को तैयार नहीं हुए, दोनों दलों के बीच झगड़ा हो गया, जिसमें लोगों ने एक-दूसरे पर कुर्सियाँ फेंककर प्रहार किये। अब यह बात निश्चित-सी हो गई है कि कांग्रेस को तोड़ डालने का आखिरी फैसला श्री अरविन्द का ही था।

लाला लाजपतराय की आशंका वृथा नहीं थी। जब सरकार ने देखा कि उग्रतावादी बड़े जोश में हैं और उन्होंने नरम दलवालों की बोलती बन्द कर दी है, वह राष्ट्रवादियों का दमन करने पर उतारू हो गई। तिलक जी पर मुकदमा चलाया गया और वे जेल भेज दिये गए तथा लाला लाजपतराय को देशनिकाले में जाना पड़ा।

जैसे-जैसे जन-जागृति गहराई में पहुँचने लगी, जनता की ओर से की जानेवाली स्वराज्य की माँग तेज होने लगी और सरकार की दमन-नीति की कठोरता भी बढ़ने लगी। सरकार की दमन-नीति इतनी विकराल हो उठी कि भारतवासी तो क्या, लन्दन में रहनेवाले भारतसचिव भी घबरा उठे। उन्होंने वायसराय को एक पत्र लिखकर कहा :

'हमें भारत में शान्ति बनाये रखने का प्रयास अवश्य करना चाहिए, किन्तु कठोरता की अति का मार्ग शान्ति का मार्ग नहीं है। उलटे वह बम का मार्ग है।'

और, सचमुच ही, देश में रह-रहकर बम के धड़ाके होने लगे और इन धड़ाकों से जहाँ जनता के भीतर आशा का उदय होने लगा, वहाँ सरकारी हलकों में भय और कँपकँपी समा गई।

आखिर को 10 अप्रैल, 1908 के दिन खुदीराम बोस नामक एक बाल क्रान्तिकारी ने मुजफ्फरपुर (बिहार) में बम फेंककर दो निर्दोष महिलाओं को मार डाला। खुदीराम जिस अंग्रेज जज को मारने के लिए मुजफ्फरपुर गया

था, वह जज तो बच निकला, लेकिन दो अंग्रेज महिलाओं के प्राण चले गए, जिन्हें मारना खुदीराम का लक्ष्य नहीं था। फिर क्या था, सरकार अचानक बौखला उठी और वह अन्धाधुन्ध नौजवानों को गिरफ्तार करने लगी। श्री अरविन्द के भाई वारीन्द्र घोष नामी क्रान्तिकारी थे। सरकार ने उन्हें इसलिए गिरफ्तार कर लिया कि उनका सम्बन्ध कलकत्ते में बम बनानेवाले किसी संगठन से पाया गया था। और चूँकि वारीन्द्र श्री अरविन्द के भाई थे, इसलिए सरकार ने 5 मई, 1908 को श्री अरविन्द को भी गिरफ्तार कर लिया और वे अलीपुर जेल में बन्द कर दिये गए, जहाँ मुजरिम के रूप में उन्हें पूरे एक साल तक रहना पड़ा।

श्री अरविन्द तथा अन्य नवयुवकों के खिलाफ जो मुकदमा चलाया गया, वह इतिहास में 'अलीपुर बम केस' के नाम से विख्यात है। उस मुकदमे की तफसील में जाना यहाँ अनावश्यक प्रतीत होता है। उल्लेखनीय बात यह है कि यह मुकदमा श्री अरविन्द के लिए वरदान सिद्ध हुआ और एक वर्ष तक अलीपुर जेल में रहते-रहते, भीतर से, उनके व्यक्तित्व का सम्पूर्ण रूपान्तरण हो गया। कहते हैं, इस कारावास में श्री अरविन्द को भगवान वासुदेव का साक्षात्कार हुआ और उन्होंने श्री अरविन्द से, अन्तर्ध्वनि की भाषा में, कहा कि इस मुकदमे से तुम्हारा कुछ भी नहीं बिगड़ेगा, क्योंकि तुमसे मुझे कोई और काम लेना है, जो राजनीति से कहीं ऊँचा और महान है।

विवरणों से पता चलता है कि अलीपुर जेल में श्री अरविन्द जब ध्यान करते थे, तब स्वामी विवेकानन्द की आत्मा उनसे बात करती थी। संबुद्ध मन और अतिमानस तक पहुँचने का मार्ग श्री अरविन्द को स्वामी विवेकानन्द ने ही बताया था।

जेल में श्री अरविन्द के साथ जो आध्यात्मिक घटना घटी, उससे हम यही अनुमान लगा सकते हैं कि भगवान ने अब श्री अरविन्द को राजनीति से अलग कर लेने का निश्चय कर लिया था।

यह मुकदमा बड़ा ही सनसनीखेज था। उसकी चर्चा सारे देश में हो रही थी और चिन्ता के मारे सारी जनता साँस साधकर इन्तजार कर रही थी कि देखें, श्री अरविन्द का क्या होता है। श्री अरविन्द जनता के वरेण्य वीर,

हृदय-सम्राट और देवता हो गए थे। सारा देश उन पर प्राण न्योछावर करने को तैयार था। श्री अरविन्द के वकील श्री चित्तरंजन दास थे। उनकी बहस पूरे आठ दिनों तक चली थी। यह बहस भी वक्तृत्वकला का उच्चतम दृष्टान्त थी। किन्तु उसका अद्भुत और अमर अंश वह सन्दर्भ है, जिसमें श्री सी.आर. दास ने जज की विवेक-बुद्धि को जगाते हुए कहा था :

'मेरी अपील यह है कि इस विवाद के पूर्ण रूप से शमित हो जाने के बहुत बाद, खलबली, अशान्ति और आन्दोलन के खत्म हो जाने के बहुत बाद, स्वयं श्री अरविन्द के मृत और गत हो जाने के बहुत बाद, श्री अरविन्द देशभक्ति के कवि, राष्ट्रीयता के पैगम्बर और मानवता के प्रेमी के रूप में याद किए जाएँगे। उनके मृत और गत होने के बहुत बाद, उनके शब्दों की ध्वनि और प्रतिध्वनि केवल भारतवर्ष में ही नहीं, बल्कि समुद्रों के आरपार सारे संसार में गूँजेगी। इसलिए मेरा निवेदन है कि श्री अरविन्द केवल इस अदालत के सामने नहीं, बल्कि इतिहास के हाइकोर्ट के सामने खड़े हैं।'

जूरी ने एकमत होकर निर्णय दिया कि श्री अरविन्द निर्दोष हैं और तदनुसार वे मई, 1909 ई. में जेल से छोड़ दिये गए।

जब श्री अरविन्द जेल से बाहर आए, उन्हें यह देखकर निराशा हुई कि जनता के भीतर जो उत्साह उन्होंने संचारित किया था, ठंडा पड़ गया है और वातावरण एक प्रकार की बेचैन शान्ति से बोझिल है। अपने उत्तरपाड़ा वाले सुप्रसिद्ध ऐतिहासिक भाषण में उन्होंने कहा :

'जब मैं जेल गया था, उस समय सारे देश में 'वन्दे मातरम्' की पुकार गूँज रही थी और देश जीवित तथा सप्राण मालूम होता था। देश के करोड़ों लोग जड़ता और पतनशीलता के गर्त से जगकर उठ खड़े हुए थे और सारा देश आशा और उमंग की तरंग में था। जब मैं जेल से बाहर आया, मैंने कान लगाया कि 'वन्दे मातरम्' की पुकार कहीं से आती है या नहीं। लेकिन कहीं कोई पुकार नहीं थी, चारों ओर केवल मनहूस शान्ति थी। देश के ऊपर निस्तब्धता छा गई है और लोग किंकर्तव्यविमूढ़ हो रहे हैं।'

स्पष्ट ही, यह सरकार की दमन-नीति का परिणाम था। जैसा उसका स्वभाव है, दमन की नीति थोड़ी देर के लिए कामयाब हो गई थी। श्री अरविन्द ने जनता को धीरज बँधाते हुए कहा :

'दमन का चक्र और कुछ नहीं, भगवान के हाथ का हथौड़ा है। इस हथौड़े से पीटकर वे हमें एक आकार दे रहे हैं, हमें एक राष्ट्र के रूप में तैयार कर रहे हैं, जिसका इस्तेमाल संसार में भगवान के कार्य के लिए किया जा सके।'

जेल से बाहर आकर श्री अरविन्द ने अंग्रेजी में 'कर्मयोगी' और बंगला में 'धर्म' नाम से दो अखबार निकाले। इन पत्रों का मुख्य उद्‌देश्य राष्ट्रवादी दल का पुनः संगठन था, क्योंकि वह दल टूटकर बिखरा जा रहा था। लेकिन इन पत्रों का सारा धरातल केवल राजनीति तक ही सीमित नहीं था, अक्सर वह उठ-उठकर अध्यात्म की ऊँचाई को छूने लगा था। यह इस बात का प्रमाण था कि सम्पादक का व्यक्तित्व अब राजनीति और योग, दोनों ही दिशाओं में काम कर रहा है।

अपने उत्तरपाड़ा वाले भाषण में श्री अरविन्द ने कहा था कि जब मैं जेल में था, स्वयं वासुदेव ने मुझसे कहा था : 'राष्ट्र के भीतर मैं विराजमान हूँ, उसकी हलचल के भीतर से भी मैं ही काम कर रहा हूँ। जो मैं चाहूँगा, वह होगा, दूसरों का चाहा हुआ कभी नहीं होगा। जो परिवर्तन मैं लाना चाहता हूँ, मनुष्य की कोई भी शक्ति उसे रोक नहीं सकेगी।'

ऐसा लगता है कि जब श्री अरविन्द जेल से बाहर आए थे, उन्हें इस प्रकार का कोई आभास मिल चुका था कि अब उन्हें राजनीति को छोड़कर अपना सारा ध्यान योग पर केन्द्रित करना होगा। क्योंकि जेल में उन्होंने भगवान की आवाज सुनी थी कि 'यह नई पीढ़ी है, यह नया शक्तिशाली राष्ट्र है, जो मेरे आदेश से खड़ा हो रहा है। ये लोग तुमसे बड़े हैं। तुम डरते किस बात से हो? अगर तुम मैदान से हट जाओ या सो रहो, काम तब भी पूरा होकर रहेगा।'

'कर्मयोगी' वैसे तो राजनीतिक पत्र था, किन्तु श्री अरविन्द के आध्यात्मिक विचारों की प्रतिध्वनि उसके भीतर से बार-बार सुनाई देती थी।

'हमारा विश्वास है कि भारत इसलिए उठ रहा है कि योग को वह मानव-जीवन के आदर्श के रूप में प्रतिष्ठित कर सके। योग के द्वारा ही भारत को अपनी स्वतंत्रता, अपनी एकता, अपनी महिमा की अनुभूति होगी। और योग के द्वारा ही भारत यह शक्ति प्राप्त करेगा कि वह अपनी स्वतंत्रता,

एकता और महत्ता की रक्षा कर सके। आनेवाली जो चीज हमें दिखाई पड़ती है, वह आध्यात्मिक क्रान्ति है। भौतिक उन्नति तो उसकी छाया मात्र है।'

वे यह भी अनुभव करने लगे थे कि 'देश में जिन समाज-सुधारों का प्रचार किया जा रहा है, वे केवल यांत्रिक परिवर्तन हैं। जब तक आत्मा में परिवर्तन नहीं होगा, मुसीबत और पतनशीलता खत्म नहीं होगी। परित्राण तो केवल आत्मा करता है। जब तक हमारा हृदय मुक्त और महान नहीं होगा, हम सामाजिक और राजनीतिक दृष्टि से भी मुक्त नहीं होंगे।'

यह उक्ति उस स्वप्न की दूरस्थ भूमिका-जैसी लगती है, जिसका आख्यान श्री अरविन्द, आगे चलकर, अतिमानस के प्रसंग में करनेवाले थे।

1909 ई. के जुलाई महीने में कलकत्ते में गर्म अफवाह फैलने लगी कि सरकार श्री अरविन्द से बिलकुल ही तंग आ गई है और उसने निश्चय कर लिया है कि श्री अरविन्द को देश से निकाल दिया जाए। इससे भी अरविन्द को कुछ भी घबराहट नहीं हुई, लेकिन अफवाह का विश्वास करके उन्होंने आनेवाली विपत्ति से जूझने की तैयारी शुरू कर दी। इसी मनोदशा में उन्होंने 'अपने देशवासियों के नाम खुला पत्र' लिखा, जिसमें उन्होंने 'अगर मुझे देश-निकाला दिया जाए' तथा 'अगर मैं वापस न आ सकूँ' आदि कई अर्थपूर्ण वाक्यांशों का प्रयोग किया। इस पत्र को श्री अरविन्द ने 'देशवासियों के नाम मेरी अन्तिम राजनीतिक वसीयत' की संज्ञा दी और जनता से उन्होंने कहा :

'सभी महान आन्दोलन ईश्वर के द्वारा भेजे जानेवाले अपने नेता की प्रतीक्षा करते हैं। वह नेता भगवान की शक्ति का तत्पर स्रोत होता है। जब ऐसे नेता पहुँच जाते हैं, तभी आन्दोलनों को सफलता मिलती है। चूँकि राष्ट्रवादी दल देश के भविष्यत् का थातीदार है, इसलिए उसे उस नेता की राह देखनी चाहिए, जो आनेवाला है।'

इतिहास ने इस बात को प्रमाणित कर दिया है कि जिस नेता के आगमन की श्री अरविन्द ने भविष्यवाणी की थी, वह नेता स्वयं महात्मा गांधी थे। यह दुःख की बात है कि इन दो महान नेताओं की कभी भेंट भी नहीं हो सकी।

फरवरी, 1910 में श्री अरविन्द ने कलकत्ता छोड़ दिया और वे पास के ही फ्रांसीसी उपनिवेश चन्दरनगर चले गए। समझा यह जाता है कि

श्री अरविन्द ने ऐसा इसलिए किया कि भगिनी निवेदिता से उन्हें यह पता चल गया था कि सरकार इस बार श्री अरविन्द को पकड़कर देश से बाहर कर देना चाहती है और श्री अरविन्द सरकार की इस कुत्सित योजना को विफल कर देने को कटिबद्ध थे। और सचमुच ही जब श्री अरविन्द कलकत्ता से बाहर निकल गए, सरकार ने उनके खिलाफ मुकदमा दायर कर दिया। श्री अरविन्द के खिलाफ दायर किया जानेवाला यह तीसरा मुकदमा था, लेकिन सबूत के अभाव में वह भी खारिज हो गया।

अन्त में अन्तःध्वनि से या ऊपर से 'आदेश' पाकर श्री अरविन्द ने चन्दरनगर को भी छोड़ दिया और वे पांडिचेरी के लिए रवाना हो गए, जो उस समय फ्रांस के ही अधिकार में था। पांडिचेरी में श्री अरविन्द 5 अप्रैल, 1910 को पहुँचे और फिर मृत्यु-पर्यन्त वहीं रह गए। पांडिचेरी में उन्होंने योग-साधना की कविताएँ लिखीं, दर्शन और बड़े-बड़े निबन्ध लिखे तथा मानवता के इतिहास में उन्होंने अपने को अमर कर दिया।

जब श्री भास्कर लेले ने श्री अरविन्द से योग धारण करने को कहा था, उस समय श्री अरविन्द ने जवाब दिया था कि कविता और राजनीति से मुझे बेहद प्यार है। योग मैं तभी कर सकता हूँ, जब कविता और राजनीति के साथ वह कोई हस्तक्षेप नहीं करे। किन्तु अन्त में श्री अरविन्द ने योग के लिए राजनीति का त्याग कर दिया, यद्यपि कविता वे तब भी करते रहे।

अनेक बार यह शंका उठाई जाती है कि श्री अरविन्द ने अचानक राजनीति को क्यों त्याग दिया? राजनीति का त्याग कहीं उन्होंने यह सोचकर तो नहीं किया कि अंडमान की कालकोठरी में आजीवन सड़ने की बजाय यह कहीं श्रेष्ठ है कि एकान्त में बैठकर कविता लिखी जाए, योग-साधना की जाए और मानवता के उद्धार का कोई आध्यात्मिक मार्ग ढूँढ़ा जाए?

इस अनुमान में कुछ ताकत जरूर दिखाई देती है। किन्तु श्री अरविन्द की कठोर तपस्या, उनकी विराट उपलब्धि और उनके जीवनव्यापी अध्यवसाय के सामने यह अनुमान हास्यास्पद मालूम होता है। श्री अरविन्द जीवन से भागनेवाले पुरुष नहीं थे, न वे जिन्दगी से हारकर पांडिचेरी में शरण खोजने गए थे। उनका योग नकारात्मक नहीं, स्वीकारात्मक था। भगवान ने श्री अरविन्द का उपयोग पहले भारतीय जीवन की जड़ता को तोड़ने के लिए

किया और जब यह कार्य सम्पन्न हो गया, उन्होंने किसी और बड़ी साधना के लिए श्री अरविन्द को एकान्त में खींच लिया। अलीपुर जेल में कोई-न-कोई चमत्कार अवश्य घटित हुआ होगा, जिससे श्री अरविन्द इस निष्कर्ष पर आ गए कि राजनीति को साथ लेकर योग-साधना नहीं की जा सकती अतएव योग के लिए अब राजनीति का त्याग ही उचित है।

सन् 1920 ई. में जब कांग्रेस ने सरकार से असहयोग करने का निश्चय किया, श्री अरविन्द के एक शिष्य श्री दोराई स्वामी ऐयर ने श्री अरविन्द से पूछा कि आपके बिना भारत का स्वाधीनता-संग्राम कैसे चलेगा? श्री अरविन्द का उत्तर था : 'मैंने भगवान से यह आश्वासन पा लिया है कि भारत स्वतंत्र हो जाएगा। अगर यह आश्वासन मुझे नहीं मिला होता, मैं राजनीति को हरगिज नहीं छोड़ता। योग मैंने परमेश्वर के आदेश से धारण किया है।'

दिसम्बर, सन् 1918 ई. में श्री अम्बालाल पुराणी श्री अरविन्द से मिलने को पांडिचेरी गए थे। उन्होंने श्री अरविन्द से कहा कि हमारी क्रान्ति की तैयारी पूरी हो चुकी है। अब आपको चाहिए कि हमारा नेतृत्व करने को आप बाहर आएँ। श्री अरविन्द ने उत्तर दिया : 'भारत को स्वाधीन करने के लिए शायद रक्तपात की आवश्यकता नहीं पड़ेगी।'

एक बार श्री चित्तरंजन दास श्री अरविन्द से मिलने को पांडिचेरी गए थे। इस मुलाकात का जिक्र करते हुए एक दिन श्री अरविन्द ने कहा : 'श्री सी.आर. दास मेरी शिष्य होना चाहते थे। मैंने उनसे कहा कि जब तक आप राजनीतिक आन्दोलन में हैं, मेरा योग आपसे नहीं चलेगा।'

सन् 1920 ई. में श्री अरविन्द के पुराने साथी श्री बी.एस. मुंजे श्री अरविन्द से मिलने को पांडिचेरी गए और उनसे उन्होंने कहा कि 'नागपुर में होनेवाली कांग्रेस का सभापतित्व आप स्वीकार कीजिए।'

श्री अरविन्द ने जवाब दिया : 'अब तो यह असम्भव है कि राजनीति के साथ मैं योग को मिला सकूँ। बाकी जिन्दगी के लिए मैंने योग को मिशन के रूप में धारण कर लिया है।'

सन् 1932 ई. में उन्होंने किसी साथी या मित्र को पत्र लिखा था कि 'राजनीति से वापस मैं इसलिए नहीं आया कि अब मैं वहाँ कोई काम नहीं कर सकता था। राजनीति को मैंने इसलिए छोड़ा कि इस आशय का ऊपर

से मुझे स्पष्ट आदेश था। मैं नहीं चाहता था कि कोई चीज मेरे योग के साथ हस्तक्षेप करे।'

इतना होने पर भी श्री अरविन्द अपने देश या संसार की राजनीति से कटे हुए नहीं थे। जब हिटलर सभ्यता को रौंदने पर उतारू हो गया, श्री अरविन्द ने उसके खिलाफ वक्तव्य दिया था। जब सर स्टैफोर्ड क्रिप्स भारत को औपनिवेशिक स्वराज्य देने का प्रस्ताव लेकर भारत आए थे, तब भी श्री अरविन्द ने कांग्रेस की कार्य-समिति को सुझाव भेजा था कि यह प्रस्ताव कांग्रेस स्वीकार कर ले।

ये बातें इसका प्रमाण हैं कि श्री अरविन्द का योग पलायनवाद का पर्याय नहीं था। योगी हो जाने के बाद भी वे, अपने धरातल से, देश और संसार की गतिविधि में भाग ले रहे थे।

द्वितीय विश्वयुद्ध के समय श्री अरविन्द और श्री माँ ने युद्ध-कोष में चन्दा दिया था और मित्र-राष्ट्रों के पक्ष में सार्वजनिक वक्तव्य देते हुए कहा था :

'हम मानते हैं कि यह युद्ध केवल आत्मरक्षा का युद्ध नहीं है, केवल उन देशों की रक्षा का युद्ध नहीं है, जिन्हें जर्मनी और जीवन की नाजी-पद्धति अपने प्रभुत्व में लाना चाहती है, बल्कि यह युद्ध सभ्यता की रक्षा का युद्ध है। उन सामाजिक, सांस्कृतिक और आध्यात्मिक मूल्यों की रक्षा का युद्ध है, जिन्हें इस सभ्यता ने उत्पन्न किया है। यह युद्ध मानवता के समग्र भविष्य की रक्षा का युद्ध है।'

16 अक्टूबर, 1939 के दिन श्री अरविन्द ने हिटलर के ऊपर 'बौना नेपोलियन' शीर्षक से एक कविता लिखी थी, जिसके अन्त में उन्होंने कहा था : 'यह राक्षस तूफानों से बुहारे हुए रास्ते पर दौड़ रहा है। इस रास्ते पर उसे या तो अपने से भी बड़ा राक्षस मिलेगा या उस पर भगवान का वज्र गिरेगा।'

श्री अरविन्द का शाप हिटलर को लग गया।

जब सर स्टैफोर्ड क्रिप्स मार्च, 1942 ई. में भारत आए और उन्होंने भारत में अपने प्रस्ताव के विषय में वक्तव्य दिया, तब इस वक्तव्य का स्वागत करते हुए श्री अरविन्द ने उन्हें लिखा था :

'यद्यपि अब मेरा कार्य-क्षेत्र राजनीति नहीं, अध्यात्म है, किन्तु मैं भी भारतीय स्वतंत्रता का कार्यकर्ता और राष्ट्र का नेता रहा हूँ। उस हैसियत से

मैं उस प्रस्ताव की प्रशंसा करता हूँ, जिसे तैयार करने में आपने बड़ा प्रयास किया है। मुझे उम्मीद है कि यह प्रस्ताव स्वीकृत किया जाएगा और देश उसका सही उपयोग करेगा।'

इतना ही नहीं, बल्कि उन्होंने श्री राजगोपालाचारी और श्री बी.एस. मुंजे को अपनी राय भेजी और कार्य-समिति को अपना सुझाव श्री दोराई स्वामी ऐयर के मार्फत भेजा। किन्तु कांग्रेस ने उस प्रस्ताव को ठुकरा दिया, क्योंकि गांधी जी ने कह दिया था कि यह प्रस्ताव उस बैंक का पोस्टडेटेड चेक है, जिसका दिवाला निकलनेवाला है।

जिस समय क्रिप्स भारत आए थे, लड़ाई में अंग्रेजों का बुरा हाल था और कांग्रेस के नेता इस भाव से भरे हुए थे कि इंग्लैंड अवश्य हार जाएगा। इसलिए सरकार में सम्मिलित होने में वे घबरा गए। किन्तु श्री अरविन्द जानते थे कि जीत मित्र-राष्ट्रों की होगी, अतएव देश इस मौके को हाथ से न जाने दे, इसी में उसका कल्याण है। लेकिन जैसा कि श्री आयंगार ने लिखा है : 'दैवी बुद्धिमत्ता को अदूरदर्शी राजनीतिक हिसाब-किताब ने वीटो कर दिया।'

इस स्थिति को श्री कन्हैयालाल माणिकलाल मुंशी ने अपने 13 अगस्त, 1951 के वक्तव्य में स्वीकार किया था :

'श्री अरविन्द वस्तुओं के भीतर छिपी आत्मा को देख लेते थे। भारत की राजनीतिक स्थिति के बारे में उनकी दृष्टि अमोघ थी, वह कभी भी गलती नहीं करती थी। जब सन् 1939 ई. में युद्ध आरम्भ हुआ, श्री अरविन्द ने कहा था, इंग्लैंड और फ्रांस की विजय आसुरी शक्ति पर दैवी शक्ति की विजय का प्रमाण होगी। जब स्टैफोर्ड क्रिप्स अपने पहले प्रस्ताव के साथ भारत आए थे, श्री अरविन्द उस समय भी बोले थे। उन्होंने कहा था : 'भारत को इसे स्वीकार कर लेना चाहिए।' लेकिन उनके परामर्श को हमने स्वीकार नहीं किया। अब हम अनुभव करते हैं कि अगर हमने क्रिप्स के पहले प्रस्ताव को मान लिया होता, तो देश का विभाजन नहीं होता, शरणार्थी समस्या नहीं उत्पन्न होती, न काश्मीर का प्रश्न खड़ा हुआ होता।'

यहाँ हम अब यह भी जोड़ सकते हैं कि तब बंगला देश की ट्रेजडी भी नहीं हुई होती।

श्री अरविन्द की राष्ट्रीय भावना अंग्रेजों के प्रति घृणा से उत्पन्न नहीं हुई थी। घृणा तो उन्हें न किसी देश से थी, न सम्प्रदाय से। उनकी राष्ट्रीय भावना के भीतर मनुष्य मात्र का उत्थान और कल्याण समाहित था। सन् 1907 ई. के 'वन्दे मातरम्' के किसी अंक में उन्होंने लिखा था :

'हम स्वराज्य की लड़ाई का समर्थन इसलिए करते हैं कि स्वतंत्रता राष्ट्रीय जीवन की पहली शर्त है। दूसरा कारण यह है कि स्वराज्य के बिना राष्ट्रीय जीवन का विकास नहीं किया जा सकता। तीसरा कारण यह है कि मनुष्यता की उन्नति का जो अगला सोपान है, वह आधिभौतिक नहीं, आध्यात्मिक, नैतिक और मनोवैज्ञानिक उन्नति का सोपान होगा और इस सोपान पर नेतृत्व स्वतंत्र एशिया, विशेषतः, स्वतंत्र भारतवर्ष को देना होगा। अतएव सारे संसार के हित में भारत की स्वाधीनता परमावश्यक है। भारत को स्वराज्य इसलिए चाहिए कि उसे जीना है। स्वराज्य भारत को इसलिए भी चाहिए कि उसे सारे संसार के लिए जीना है। लेकिन भारत धनाभिमानी, स्वार्थी राष्ट्र बनकर नहीं जिएगा, राजनीतिक और भौतिक समृद्धि का दास बनकर नहीं जिएगा। वह मनुष्य-जाति के आध्यात्मिक और बौद्धिक हित के लिए स्वतंत्र होकर जीवन-यापन करेगा।'

श्री अरविन्द ने देश को जगाने के लिए कुछ भी उठा नहीं रखा। लेकिन देश जब पूर्णरूप से जाग्रत हो गया और श्री अरविन्द को यह विश्वास हो गया कि अब भारत स्वतंत्र हो जाएगा, वे राजनीति को छोड़कर इस उद्देश्य से एकान्त में चले गए कि राजनीति से ऊपर उठकर वे किसी बड़े ध्येय के लिए काम कर सकें। जासेफ बैपटिस्टा को उत्तर देते हुए उन्होंने लिखा था कि 'अब मेरी चिन्ता का विषय यह है कि भारत अपने आत्मनिर्णय के अधिकार को लेकर क्या करेगा, वह अपनी स्वतंत्रता का कैसा उपयोग करेगा और अपना भविष्य वह किस दिशा में निर्धारित करेगा।'

हमें आशा है कि भारत समस्त मानव-जाति के लिए वह आध्यात्मिक भूमिका अदा करने में समर्थ होगा, जिसकी कल्पना श्री अरविन्द ने की थी।

[24 दिसम्बर, 1972]

खोई हुई कड़ी की संधान

श्री अरविन्द आश्रम के साधक कभी-कभी महर्षि रमण के यहाँ भी जाया करते थे। महर्षि बोलते बहुत कम थे। एक बार, न जाने क्या सोचकर, उन्होंने श्री अरविन्द आश्रम के एक साधक से कहा : 'अरे, श्री अरविन्द से कहो कि अब इतना प्रयास क्यों कर रहे हैं? जो कुछ जाना जा सकता है, उसे वे जान चुके हैं; जहाँ तक पहुँचा जा सकता है, वहाँ तक वे पहुँच चुके हैं; अब आगे क्या है?'

महर्षि परम्परागत संत थे। उनका मार्ग ज्ञान का मार्ग था और ज्ञान-मार्ग पर चलकर उन्होंने वह स्थिति प्राप्त कर ली थी, जहाँ मन निर्विचार हो जाता है और समाधि में जाने के लिए प्रयास नहीं करना पड़ता।

संसार के सभी देशों में अध्यात्म की यही प्रथा थी। निर्विचार की स्थिति, मन को परमात्मा में लीन कर देने की क्षमता, वैयक्तिक शान्ति और मोक्ष यही परम्परागत अध्यात्म का लक्ष्य था। किन्तु श्री अरविन्द का ध्येय

वैयक्तिक मुक्ति नहीं थी, वे समस्त मानव-जाति के लिए मुक्ति चाहते थे। वे मनुष्य-जाति का रूपान्तरण अध्यात्मजीवी अथवा 'नास्तिक बींग' की जाति के रूप में करना चाहते थे।

जहाँ तक मुझे मालूम है, अपनी वैयक्तिक मुक्ति को तुच्छ मानकर सभी जीवों की मुक्ति के लिए प्रयास की पहली कल्पना भारतवर्ष में ही प्रारम्भ हुई थी और उसके आदि उद्गाता महायानी संत श्री शान्तिदेव थे, जिनका समय 650 ई. के आसपास माना जाता है। अपने प्रसिद्ध ग्रन्थ 'बोधिचर्यावतार' में शान्तिदेव ने लिखा है कि समस्त सृष्टि एक है और इस एकता की अनुभूति निर्वाण या मोक्ष से भी बड़ी चीज है।

स्वप्राणानां जगत्प्राणैर्नदीनामिव सागरैः
अनन्तैर्यो व्यतिकरः तदेवानन्तजीवनम् ॥

जब अनन्त प्राणों के साथ अपने प्राण का वैसा मिलन हो, जैसा मिलन नदियों का समुद्र के साथ होता है, तभी अनन्त जीवन की प्राप्ति होती है, अमरता अथवा निर्वाण प्राप्त करने से नहीं।

मोक्ष से कहीं श्रेयस्कर ध्येय अपने सह-बन्धुओं के कष्ट का निवारण है, इसका आख्यान करते हुए शान्तिदेव कहते हैं :

मुच्चमानेषु सत्वेषु ये ते प्रामोद्यसागराः
तैरेव ननु पर्याप्तं मोक्षेणारसिकेन किम्?

जीव जब दुःख से मुक्त होते हैं, तब उससे बोधिसत्व के हृदय में जो आनन्द का समुद्र उमड़ पड़ता है, उतना ही पर्याप्त है। रसहीन मोक्ष से क्या प्रयोजन?

एवमाकाशनिष्ठस्य सत्वाधातोरनेकधा
भवेयं उपजीव्योऽहं यावत् सर्वे न निर्वृताः।

अनन्ताकाश में स्थित जितने सत्वधातु (यानी जीव) हैं, जब तक वे मुक्ति नहीं पा लेते, तब तक मैं उनकी इसी प्रकार सेवा करता जाऊँगा।

किन्तु शान्तिदेव को हम इतना ही श्रेय देते हैं कि उन्हें इस बात की अनुभूति हुई कि संसार को बद्ध छोड़कर स्वयं मुक्त हो जाना कोई बहुत बड़ा ध्येय नहीं है। जैसे मनुष्य अपना आध्यात्मिक रूपान्तरण करके मोक्ष प्राप्त

करता है, उसी प्रकार समस्त संसार का आध्यात्मिक रूपान्तरण करके मनुष्य मात्र को मोक्ष की स्थिति में कैसे पहुँचाया जाए, यह बात शान्तिदेव को नहीं सूझी थी। संसार के कल्याण के लिए उचित उन्होंने यह समझा कि मनुष्य अपना वैयक्तिक मोक्ष न खोजकर जीव मात्र की सेवा में लीन हो जाए। उन्होंने बोधिसत्व के जिस चरित्र का प्रतिपादन किया है, वह निःस्वार्थ समाजसेवी का चरित्र है और बोधिसत्व की प्रार्थनाएँ प्रार्थना न होकर एक प्रकार की प्रतिज्ञा अथवा संकल्प हैं :

अनाथानां अहं नाथः, सार्थवाहश्च यात्रिणाम्,
पारेप्सुनां च नौभूतः, सेतु संक्रम एव च।
दीपार्थिनामहं दीपः, शय्या शय्यार्थिनामहम्,
दासार्थिनामहं दासो भवेयम् सर्व देहिनाम्।

वैयक्तिक मोक्ष के आदर्श को हीन मानकर समस्त जीव-जगत् की सेवा के लिए प्रयास करना, यह शान्तिदेव के समय के लिए बहुत ही नवीन बात थी। किन्तु यह नवीनता भी हमारे समय में आकर चरितार्थ हुई, जब स्वामी विवेकानन्द ने 'श्री रामकृष्ण मिशन' की स्थापना करके संन्यासियों के सामने भी यह आदर्श रखा कि समाज-सेवा ही आध्यात्मिक विकास का भी सही मार्ग है।

इस आदर्श का समर्थन महात्मा गांधी ने भी किया। धर्म के प्रचलित रूपों से आजिज आकर मार्क्स ने कहा था कि वैयक्तिक मोक्ष खोजने का ध्येय गलत ध्येय है। मोक्ष असल में समाज का होना चाहिए और समाज के मोक्ष का अर्थ मार्क्स समाज का आधिभौतिक मोक्ष समझते थे। जब गांधी जी आए, उन्होंने मार्क्स में संशोधन कर दिया और यह कहा कि मोक्ष तो हमेशा व्यक्ति का ही होता है किन्तु वैयक्तिक मोक्ष का भी मार्ग यही है कि हम समाज की मुक्ति के लिए प्रयास करें। गांधी जी थे तो राजनीति में, किन्तु उनका चरम उद्देश्य परमात्मा का साक्षात्कार था और इस साक्षात्कार के लिए ही वे देश, समाज और विश्व की सेवा में लगे थे।

श्री अरविन्द की सबसे बड़ी महिमा यह है कि उन्होंने मनुष्यता के सामने यह कल्पना रखी कि आध्यात्मिक जीवन सभी मनुष्यों के लिए

सम्भव है, वह उनके भीतर विद्यमान है और वह प्रकट किया जा सकता है। उनकी सबसे बड़ी क्रान्तिकारी कल्पना यह है कि मनुष्य जाति का रूपान्तरण अध्यात्मजीवी जाति अथवा 'नास्टिक बींग' के रूप में की जा सकती है और मनुष्य जिस सुख-शान्ति और आनन्द को स्वर्ग में उपलभ्य मानता है, वह सुख-शान्ति और आनन्द इसी पृथ्वी पर, इसी जीवन में भोगा जा सकता है और समस्त पृथ्वी आध्यात्मिक चेतना से पूर्ण बनाई जा सकती है। श्री अरविन्द का दावा है कि पृथ्वी के इस रूपान्तरण की कल्पना राम, कृष्ण, बुद्ध, शंकरकिसी को भी नहीं सूझी थी। एक स्थान पर उन्होंने यह भी कहा है कि 'यह सोचकर लोग मुझ पर हँस सकते हैं, मेरा मजाक उड़ा सकते हैं कि मैं एक ऐसी कल्पना को रूप देने की कोशिश कर रहा हूँ, जो मुझसे बड़े-बड़े आध्यात्मिक नेताओं को भी नहीं सूझी थी। किन्तु इस अपमान के भय से मैं अपना प्रयोग छोड़ नहीं सकता। मेरा दृढ़ विश्वास है कि मनुष्य रूपान्तरित होकर 'नास्टिक बींग' की स्थिति को प्राप्त कर सकता है और परम चेतना के भीतर जो शक्तियाँ छिपी हुई हैं, वे सारी शक्तियाँ मनुष्य में प्रकट हो सकती हैं।' इसी जीवन को श्री अरविन्द 'दिव्य जीवन' कहते हैं।

श्री अरविन्द पश्चिमी और पूर्वी, दोनों दर्शनों में निष्णात थे, किन्तु वे अपने को दार्शनिक कहने से इनकार करते थे। असल में उनका मार्ग योग का मार्ग था और मनुष्य से वे कोई ऐसी बात नहीं कहना चाहते थे, जो केवल सोची हुई हो अथवा जिसकी उन्हें प्रत्यक्ष अनुभूति नहीं हुई हो। पश्चिम की यह परम्परा रही है कि वह विचार, बुद्धि और तर्क को ज्ञान का साधन समझता है और आध्यात्मिक शक्ति को भी तभी सत्य मानता है, जब वह बुद्धि की कसौटी पर प्रमाणित की जा सके। पर भारत की स्थिति इसके ठीक विपरीत रही है। परम सत्य तक जाने के लिए बुद्धि तथा तर्क का प्रयोग इस देश में भी किया जाता रहा है, किन्तु तर्क तथा बुद्धि यहाँ बराबर गौण मानी जाती रही है। प्रधानता भारत में उस अनुभूति को दी जाती रही है, जो आध्यात्मिक प्रकाश अथवा संबुद्धि की जगमगाहट में देखी गई हो। केवल तर्क को भारतीय परम्परा सत्य का मार्ग नहीं मानती। जो परम सत्य है, उसे न तो मेधा समझ सकती है, न पांडित्य परख सकता है। 'न मेधया न बहुना

श्रुतेन।' भारत में जो श्रेष्ठ दार्शनिक हुए हैं, वे केवल पंडित नहीं, केवल विचारक नहीं, बल्कि योगी भी थे। इस देश में जिन लोगों ने परम चेतना तक पहुँचने के लिए बुद्धि का मार्ग अपनाया, उनका भी उद्देश्य यही था कि वे मानसिक चिन्तन की सीमा के पार पहुँच सकें।

इसीलिए जो लोग एकमात्र तर्क को पकड़कर बैठे हुए हैं और सत्य को वहीं तक सीमित समझते हैं, जहाँ तक विज्ञान की छड़ी पहुँची है, उनके लिए श्री अरविन्द का दर्शन किसी काम का नहीं है। किन्तु संसार में ऐसे लोग भी हैं, जो तर्क को यथेष्ट नहीं समझते, जो उस ज्ञान से सन्तुष्ट नहीं हैं, जिसे विज्ञान ने प्राप्त किया है। उनकी यह भावना है कि केवल विज्ञान से मनुष्य का त्राण नहीं होगा। विज्ञान को साथ लेते हुए हमें कुछ ऐसा सम्बल भी चाहिए, जो विज्ञान के पास नहीं है, जो संतों और द्रष्टाओं की विशेषता है, जिसके द्वारा मनुष्य का वह रूप भी समझा जा सकता है, जिस रूप तक विज्ञान की किरणें नहीं पहुँचतीं।

संसार में भौतिकवादियों की संख्या कम नहीं है, किन्तु वे सब-के-सब भोगवादी ही हैं, ऐसा नहीं कहा जा सकता। फिर भी भौतिकवाद की चरम शिक्षा वही है, जिसे ब्रदर कारामाजोव में पापा कारामाजोव ने अभिव्यक्ति दी है। 'संसार की गुत्थी को तुम किसी भी तरह सुलझा नहीं सकते। जीवन जैसा है, वैसा ही उसे स्वीकार करो। आनन्द-रस का पान तलछट तक करो। जब तक भी एक आउंस बोदका और एक नारी संसार में उपलब्ध है, तब तक जिन्दगी जीने के योग्य है।'

इसके विपरीत, कृच्छ्र साधकों का वह सम्प्रदाय है, जो मानता है कि जहाँ-जहाँ सुन्दरता है, वहाँ-वहाँ पाप है; जहाँ-जहाँ आनन्द है, वहाँ-वहाँ शाप है। इसलिए उचित है कि हम इन्द्रियों को कठोर नियंत्रण में रखें और सांसारिक सुखों का सर्वथा त्याग करें। असल में जन्म लेना ही अभिशाप है। और यह दीपक जितना शीघ्र बुझ जाए, उतना ही अच्छा है। वे सभी सुख निकृष्ट हैं, जो संसार में मिलते हैं। हमारा लक्ष्य तो वह सुख होना चाहिए, जो हमें स्वर्ग में मिलेगा। लेकिन चूँकि स्वर्ग वाला सुख मरे बिना प्राप्त नहीं होगा और मरना अपने हाथ में नहीं है, इसलिए जीवन भर हमें देह को दंडित करना चाहिए; स्पर्श, घ्राण, रूप, रस और शब्द का त्याग करना चाहिए। बुद्ध

ने जब दीर्घ उपवास को व्यर्थ पाकर भोजन लेना आरम्भ किया था, तब उनके पंच ब्राह्मण साथी उन्हें पतित मानकर उनका त्याग कर गए थे। ये पंच-ब्राह्मण अवश्य ही कृच्छ्र साधक अथवा 'एसेटिक' रहे होंगे। किन्तु बुद्ध ने भोजन लेना नहीं छोड़ा, क्योंकि कठोर त्याग और अति भोग, दोनों की व्यर्थता को समझकर वे मध्यम मार्ग पर आ गए थे। श्री अरविन्द का भी मत है कि भौतिकतावादी जब संसार को जोर से पकड़ता है, तब वह गलती करता है। इसी प्रकार जब त्यागी संसार के प्रत्येक स्वाद को शंका से देखता है, तब वह भी गलती करता है। भौतिकतावादी की भोगवृत्ति जितनी बड़ी भयानक भूल है, त्यागी की कृच्छ्र-साधना भी वैसी ही भयानक भूल है। यह भी कि एक भौतिकतावादी तब भी भूल करता है, जब वह यह समझता है कि सारा सत्य शरीर है, आत्मा नाम की चीज होती ही नहीं है। और यही भूल कृच्छ्र साधक (एसेटिक) भी करता है, जब वह यह समझता है कि शरीर तो माया का खेल है, असली अविनश्वर तत्त्व आत्मा है और आत्मा का कल्याण तब होता है, जब शरीर की सारी आवश्यकताओं की उपेक्षा या अवहेलना की जाती है।

श्री अरविन्द के मत से आत्मा की उपेक्षा गलत बात है, क्योंकि यद्यपि विज्ञान की प्रयोगशाला में अथवा ऑपरेशन की मेज पर आत्मा का पता नहीं चलता, फिर भी हमारे भीतर कोई शक्ति है, जो स्वर्ग के सपने देखा करती है, जो दुःखों से मुक्ति की कल्पना को सत्य मानती है, जो इस स्वप्न को पृथ्वी पर उतारना चाहती है और जो समस्त भोगों के बीच भी अतृप्त रहकर हमारे अस्तित्व के दरवाजे पर दस्तक देती है, मानो वह कह रही हो कि 'जागो, अमृत तुम्हारा इन्तजार कर रहा है, लेकिन वह यहीं है। कहीं और नहीं। सर्वत्र व्याप्त सत्य के अस्तित्व से इनकार करके तुम शान्ति को नहीं पा सकोगे।'

संसार में जो भी रहस्यकुंज थे, उन्हें बुद्धि ने उजाड़ डाला। जीवन का जो भी क्षितिज अनन्त की ओर संकेत करता था, उसे बुद्धि ने अपनी चकाचौंध से तोप दिया। आत्मा को दबाकर शरीर की पूजा करने का अभियान मनुष्य ने घनघोर रूप से चलाया, फिर भी आत्मा दबाई नहीं जा सकी। 'सावित्री' काव्य में श्री अरविन्द ने कहा है :

'जीवन और मनुष्य ने जिन तत्त्वों को कुचल डाला, उनके भीतर से भी ईश्वरता की धीमी आवाज आ रही है। कोई साँस अनन्त महाकाश से आती है, जिसे हम महसूस करते हैं।'

जो लोग उस ज्ञान से सन्तुष्ट नहीं हैं, जिसे विज्ञान ने उत्पन्न किया है, वे आज भी जीवन के उस रहस्य के प्रति जिज्ञासु हैं, जो विज्ञान के परे पड़ता है। मनुष्य का स्वभाव है कि वह जितना है, उससे अधिक बनना चाहता है। और उसकी यही प्रवृत्ति ठीक है, क्योंकि वह जहाँ तक पहुँचा है, उससे बहुत आगे तक जाने की उसमें सामर्थ्य है।

और कोरे आत्मवादियों की भी दुर्दशा कुछ कम नहीं है। शरीर की अनिवार्य आवश्यकताओं का बलपूर्वक दमन करने के क्या कुपरिणाम होते हैं, अनेक ऋषि, मुनि, योगी और महात्मा इसके प्रमाण हैं। संस्कृति प्रकृति से भिन्न गुण अवश्य है, किन्तु वह प्रकृति से धीरे-धीरे रूपान्तरित होकर प्रकट होती है। यदि कोई समझता है कि मैं प्रकृति के वेगों को बलपूर्वक दबा रखूँगा, तो यह उसकी भूल है। समय पाते ही प्रकृति अपना प्रतिशोध दुगुने क्रोध के साथ लेने को खड़ी हो जाएगी :

इन्द्रिय द्वार झरोखा नाना,
तहँ-तहँ सुर बैठे करि थाना।
आवत देखहिं विषय-बयारी,
बरबस देहिं कपाट उधारी।
कल बल छलकरि जाय समीपा,
अंचलबात बुझावति दीपा।
सो दीपक को बार बहोरी?

प्रकृति का नितान्त दास हो जाना जितना बुरा है, प्रकृति से बिलकुल भाग खड़ा होना भी उतनी ही खतरनाक बात है। जिस पृथ्वी को कृच्छ्र साधक घृणित और पापमयी समझता है, उसके रंध्र-रंध्र में भागवत चेतना विद्यमान है। और जिसे हम स्वर्ग समझते हैं, वह पृथ्वी का ही स्वप्न है। लोक त्याज्य और परलोक ग्राह्य है, ऐसा सोचना अधूरा चिन्तन है। नचिकेता ने यम से लोक और परलोक, दोनों माँगे थे। मनुष्य का कल्याण उस दर्शन से

नहीं होगा, जो लोक और परलोक में से केवल एक का पक्षपाती है। श्री अरविन्द लोक और परलोक को एक बनाने के अभिलाषी हैं। एक समय उन्होंने सोचा था कि पृथ्वी और स्वर्ग का विवाह हो जाए, तो बहुत अच्छी बात हो। अपनी कविता 'ए गॉड्स लेबर' में उन्होंने लिखा था :

सोचा था, निर्मित कर कोई
दिव्य सेतु सुरधनु का
महाकाश के साथ मही का
परिणय कभी रचाऊँगा।
जो सीमा के परे विश्व है,
उसकी मनोदशा का
बीज कभी इस नृत्यशील,
लघु ग्रह के मध्य गिराऊँगा।

पृथ्वी और स्वर्ग के विवाह की कल्पना फिर भी विनम्र कल्पना थी। किन्तु श्री अरविन्द इस कल्पना को लेकर पृथ्वी के अतिमानसी रूपान्तरण तक पहुँच गए, जिसकी चर्चा हम आगे चलकर करेंगे। अतिमानसी रूपान्तरण वह सबसे बड़ा और नवीन स्वप्न है, जिसे श्री अरविन्द मानवता के आगे टाँगकर गए हैं। यह स्वप्न जितना ही कठिन है, उतना ही वह अनिवार्य भी लगता है।

भौतिकतावाद और कृच्छ्र-साधना–दोनों के विरोधी होते हुए भी श्री अरविन्द दोनों के गुण-पक्ष को स्वीकार करते थे। बुद्धिवादी भौतिकतावाद की आयु अभी भी बहुत कम है, किन्तु इतने दिनों में ही उसने प्रकृति और मनुष्य के निम्न स्तरों का जो प्रभूत ज्ञान प्राप्त कर लिया है, वह बड़ा ही उपयोगी और ठोस है। इसी प्रकार, कृच्छ्रतासेवी आत्मवादियों ने अज्ञात लोक में प्रवेश करने का जो प्रयास किया, आत्मा के लोक की रूपरेखाओं की मनुष्य को जो सूचनाएँ दीं, उससे भी मनुष्य को अपरिमित लाभ हुआ है। इतिहास यह है कि भारत में आत्मा भौतिकता के खिलाफ रही है और अब पश्चिम में भौतिकता आत्मा से विद्रोह कर रही है, किन्तु दोनों प्रवृत्तियों में से किसी ने भी ऐसा दर्शन तैयार नहीं किया, जिससे जीवन भी

मिलता हो और प्रकाश भी। भोग सत्य का एक छोर है, वैराग्य उसका दूसरा छोर है। किन्तु सम्पूर्ण सत्य वह है, जो दोनों को अपने भीतर समाहित करता है और फिर दोनों से आगे निकल जाता है।

विचारों के विकास की भी लीला विचित्र है। श्री अरविन्द से पूर्व स्वामी विवेकानन्द ने अमरीका को त्याग के लिए और भारत को भोग के लिए प्रेरित किया था; एक को अर्जन सिखाया था और दूसरे को विसर्जन का उपदेश दिया था। किन्तु श्री अरविन्द की शिक्षा यह है कि भोग और त्याग, दोनों को स्वीकार करके, दोनों को समेटकर हमें दोनों के पार चला जाना चाहिए। श्री अरविन्द ने जो दर्शन दिया है, वह पश्चिम के लिए भी है और पूरब के लिए भी। यही नहीं, इस दर्शन को अपनाए बिना न पूरब का कल्याण है, न पश्चिम का। श्री अरविन्द की कल्पना है कि योग के लिए परिवार या संसार को छोड़ना आवश्यक नहीं है। योग जिस एकान्तता के साथ मन्दिर में चलता है, उसी एकान्तता के साथ वह दफ्तरों और कारखानों में भी चल सकता है। रज्जब जी ने कहा था :

एक जोग में भोग है, एक भोग में जोग,
एक बुड़हिं वैराग्य में, इक तरहिं सो गिरही लोग।

रज्जब जी का यह स्वप्न श्री अरविन्द के दर्शन में छिपा हुआ है।

आत्मवाद और भौतिकतावाद के बीच का विभाजन पुरानी नहीं, अपेक्षाकृत नई घटना है, यहाँ तक कि न्यूटन और उनके समकालीन वैज्ञानिक आस्तिक थे और आत्मा के अस्तित्व में विश्वास करते थे। सर जेम्स जींस इसी शताब्दी में हुए हैं, किन्तु वे नहीं मानते थे कि सत्य वहीं तक है, जहाँ तक विज्ञान उसे देख सका है। हमारे दृश्य जगत् की सारी क्रियाएँ मात्र फोटोन और दृश्य की क्रियाएँ हैं तथा इन क्रियाओं का एक मात्र मंच देश और काल है। इसी देश और काल ने दीवार बनकर हमें घेर रखा है। वास्तविकता के जो बिम्ब हम इन दीवारों पर देखते हैं, वे ही मैटर के कण और उसकी लीलाएँ हैं। असल में, जिस वास्तविकता की छाया इन दीवारों पर पड़ रही है, वह स्वयं देश और काल के परे है।

अर्थात् सर जेम्स जींस को यह सम्भावना दिखाई पड़ी थी कि देश और काल से बाहर निकलने का कोई मार्ग हो, तो उस पर चलकर आदमी पूरी वास्तविकता को देख सकता है। स्पष्ट ही, वह मार्ग योग का मार्ग है।

यहाँ भारत में भी एक विचित्र घटना घटी। मुंडकोपनिषद् ने घोषणा की थी : 'सर्वं खलु इदं ब्रह्म।' यहाँ जड़ और चेतन, प्रकाश और अन्धकार, पेड़, पत्थर, नदी, पहाड़, साधु और असाधु, जो कुछ भी है, वह सब ब्रह्म है। किन्तु शंकराचार्य ने शून्यवाद को आत्मसात् करने के प्रयास में यह घोषणा कर दी कि ब्रह्म तो सत्य है, किन्तु जगत् मिथ्या है, माया है, जिसका अस्तित्व नहीं है। निर्लम्ब उपनिषद् में एक सूक्ति है, जो सारे भारत में प्रचलित हो गई है। वह सूक्ति है : 'ब्रह्म सत्यं जगन्मिथ्या।' इस सूक्ति को हम पीढ़ी-दर-पीढ़ी दुहराते आए हैं, किन्तु हमने कभी यह प्रश्न नहीं पूछा कि जब सब कुछ ब्रह्म ही है, तब जगत् को उससे भिन्न किस न्याय से किया जा रहा है? आखिर कौन-सी घटना घटी, जिससे ब्रह्म तो सत्य का सत्य रह गया और जगत् मिथ्या हो गया? यही वह खोई हुई कड़ी है, जिसका अनुसंधान श्री अरविन्द ने किया। यह कड़ी भारत में ही लुप्त नहीं हुई थी, वह पश्चिमी जगत् में भी लुप्त हो गई थी और श्री अरविन्द उसका फिर से अनुसंधान इसलिए कर सके, चूँकि श्री अरविन्द के भीतर जाकर पूरब और पश्चिम, दोनों एक हो गए थे। उन्होंने लिखा है कि पश्चिम परिणामवादी (प्रागमैटिक) सत्य के प्रकाश में शक्ति से उच्छल हो रहा है, प्रकृति के भीतर ईश्वर के नर्तन पर मुग्ध है। किन्तु भारत का मन उसी सत्य का ध्यान शान्ति और नीरवता से करता है। असल में सत्य के इन दो रूपों में कोई भिन्नता नहीं है। उन्हें भिन्न बताना भेदबुद्धि का काम है। परिणामवादी लोग कहते हैं कि सृष्टि आप-से-आप बनी है, उसका कोई नियन्ता नहीं है। तो फिर वह जिन नियमों से चलती है, वे नियम कहाँ से आ गए? परमात्मा की सत्ता माने बिना परिणामवादियों का यह अनुमान अपना महत्त्व खो देता है और सृष्टि को वह आतिशबाजी का खेल बना देता है। आतिशबाजी, जो आप-से-आप पैदा हुई है और आप-से-आप भभककर किसी दिन शून्य में विलीन हो जाएगी। सृष्टि किसी चेतन शक्ति का स्वरूप है–वही शक्ति इसका कारण और कार्य है। वही शक्ति यंत्र और उसका

चालक है। वही शक्ति गायक और गान है। वही शक्ति कवि और उसकी कविता है। वही शक्ति अतिमानस और मन है, जीवन और जड़ पदार्थ है, आत्मा और प्रकृति है।

प्रश्न यह था कि आदम और हौवा बनाये गए थे अथवा वे विकास के क्रम में उत्पन्न हुए?

श्री अरविन्द का उत्तर है कि वे विकास के क्रम में प्रकट हुए, वे पैदा नहीं किये गए थे। श्री अरविन्द विकासवादी हैं और मानते हैं कि सारी प्रकृति चेतन है। उसका सबसे निचला रूप वह है, जो जड़ मालूम होता है। उसका उच्चतम रूप अतिमानसी स्थिति है, जो चेतना का जाज्वल्यमान रूप है। जो चेतन नीचे जड़ के आवरण में सोया हुआ है, वही धीरे-धीरे विकसित होकर चेतना के शिखर पर पहुँचने का प्रयास कर रहा है। इसलिए हर चीज जो विकसित होती है, वह उससे श्रेष्ठ है, जिसमें से उसका विकास हुआ है। आदमी बन्दर से बढ़कर आदमी हुआ हो, इसकी सम्भावना है। किन्तु वह आप-से-आप आदमी नहीं बना। उसके पीछे ईश्वरीय चेतना काम कर रही थी। वह चेतना के विकास का परिणाम है। इस प्रकार विकास की जो कड़ी वैज्ञानिकों को नहीं मिल रही थी, वेदान्त के आधार पर श्री अरविन्द ने उसका पता लगा लिया।

जड़ और चेतन के बीच जो द्वन्द्व छिड़ा हुआ है, उसका यह कागजी समाधान था। किन्तु श्री अरविन्द केवल दार्शनिक नहीं थे कि कागजी समाधान पाकर वे सन्तुष्ट हो जाते। जीवन और जगत् में ब्रह्म व्याप्त है, यह ज्ञान यथेष्ट नहीं है। आवश्यक यह है कि इस ज्ञान को प्राप्त करके जीवन और जगत् को बदलने की शक्ति हममें आती है या नहीं। सावित्री की दो पंक्तियों में उन्होंने कहा है कि 'जिस ज्ञान की प्राप्ति से जगत् को परिवर्तित करने की शक्ति नहीं आती, वह सत्य और वह ज्ञान केवल मन बहलानेवाली अकर्मण्य आलसी किरण है।'

जो खोई हुई कड़ी श्री अरविन्द के हाथ लगी थी, वह असल में मैटर पर आत्मा की विजय की कुंजी थी। इस कुंजी के साथ उन्होंने ऐसी छलाँग मारी कि वे पश्चिम और पूर्व (यानी भारत) की कई मान्यताओं से बाहर निकल गए। उन्होंने यूरोप के बुद्धिवाद को त्याग दिया और शंकर द्वारा

प्रवर्तित इस सिद्धान्त को भी मानने से इनकार कर दिया कि दृश्य जगत् निस्सार है, असत्य है, माया मात्र है। तुलसीदास जी ने ठीक ही लिखा है कि असली राह उसे मिलती है, जो सभी रास्तों को छोड़ देता है :

कोउ कह सत्य, झूठ कह कोऊ,
जुगल प्रबल कोउ मानै,
तुलसिदास परिहरै तीनि भ्रम,
सो आपन पहचानै।

श्री अरविन्द का विकासवाद

जब तक 'ब्रह्म सत्यं जगन्मिथ्या' का नारा नहीं निकला था, तब तक भारतवासियों का यह भाव था कि ब्रह्ममय होने के कारण 'सर्व खलु इदं ब्रह्म'सारा जगत् सत्य है, और मनुष्य परमात्मा का अंश है। लेकिन 'ब्रह्म सत्यं जगन्मिथ्या' के नारे के बाद भी हिन्दुओं ने अपने को ब्रह्म मानने का दावा नहीं छोड़ा। पहले भारत और यूरोप, दोनों ही भू-भागों में मनुष्य सृष्टि का सिरमुकुट समझा जाता था। भारत में व्यास ने कहा था : 'नहि मानुषात् श्रेष्ठतरं हि किंचित्।' यूरोप में भी मनुष्य का पद सर्वोच्च समझा जाता था और आदमी समझता था कि मैं विधाता का मास्टरपीस हूँ, उसकी सर्वश्रेष्ठ कृति हूँ। भारत में कल्पना थी कि आदि मनुष्य मनु को ब्रह्मा ने उत्पन्न किया था और सामी सभ्यता का यह विश्वास था कि आदम का निर्माण परमेश्वर ने किया था। किन्तु जब डारविन ने अपना 'ओरिजिन ऑव् स्पेसीज' नामक ग्रन्थ प्रकाशित किया, सारे संसार में एक तहलका मच गया और अपने को

ईश्वर का अंश और उसका निर्माण माननेवाले मनुष्य को यह जानकर निराशा हुई कि वह देव-योनि से नहीं निकला है, बल्कि पशु-योनि से बढ़कर मनुष्य हुआ है और पाशविकता उसके भीतर अब भी मौजूद है। डारविन की खोज का निष्कर्ष यह था कि आदमी बन्दर से विकसित होकर आदमी बना है।

डारविन की स्थापना यह भी थी कि जीवों के बीच संघर्ष छिड़ा हुआ है और जीव जीव को खा रहे हैं और इस संघर्ष में जीवित वही रहेगा, जो सबसे अधिक समर्थ और शक्तिमान होगा। डारविन के सिद्धान्त से नक्शा यह उभरा कि प्रकृति शान्ति और सुन्दरता का पटल नहीं, बल्कि संघर्ष का रक्त-रंजित क्षेत्र है। डारविन ने ईश्वर के सर्वश्रेष्ठ पुत्र मनुष्य से देवत्व छीनकर उसे जानवर बना दिया, जो अपने को जीवित रखने के लिए संघर्ष कर रहा है।

डारविन की यह स्थापना पुरानी दुनिया के लोगों को अच्छी नहीं लगी। सन् 1864 ई. में डिजरैली ने सवाल किया था : 'आदमी बन्दर है या देवता?' और खुद ही उन्होंने उसका जवाब भी दिया था कि 'मेरा पक्षपात देवता के साथ है।' यहाँ भारतवर्ष में भी अकबर इलाहाबादी ने डारविन पर व्यंग्य किया :

मंसूर ने पुकारा खुदा हूँ मैं,
डारविन बोले, बूजना हूँ मैं।

डारविन के बारे में अकबर साहब का एक और शेर मशहूर है, जिससे ज्ञात होता है कि धर्म और अध्यात्म के समर्थक लोग डारविन का मत स्वीकार करने को कतई तैयार नहीं थे :

डारविन साहब हकीकत से निहायत दूर थे,
मैं न मानूँगा कि मूरिस आपके लंगूर थे।

इलेक्ट्रॉन और प्रोटॉन की लीला न्यूटन द्वारा निरूपित नियमों से ठीक-ठीक समझी नहीं जा सकती। फिर भी न्यूटन को हम गलत नहीं कह सकते, क्योंकि परमाणु के टूटने से पहले की सभी स्थितियाँ उन्हीं के नियमों से समझी जाती हैं। इसी प्रकार, सम्भव है कि डारविन भी एक हद तक (यानी निम्न स्तर तक) ठीक हों! किन्तु प्रश्न जब गहराई में जाता है, तब डारविन

उसका जवाब नहीं दे सकते। उन्हें जवाब देना भी नहीं चाहिए, क्योंकि उत्तर उन्हें मालूम नहीं है, क्योंकि यह विषय विज्ञान के क्षेत्र से बाहर पड़ता है।

वह प्रश्न यह है कि आखिर विकास का आरम्भ ही क्यों हुआ?

विकास हुआ है और होता जा रहा है, यह सही है। किन्तु पुराने और नये लोगों की मान्यताओं में भेद हो गया। पुराने लोगों ने दार्शनिक संबुद्धि से काम लिया था और नये लोग प्रयोगशाला में सत्य की परीक्षा करके बोल रहे हैं, किन्तु लुप्त कड़ी की खोज दोनों को परेशान किये हुए है। आखिर वह कौन-सा कारण था, जिसके चलते सृष्टि को विकसित होना पड़ा?

वैज्ञानिकों ने मान लिया है कि आदिकाल में कोई द्रव्य रहा होगा। सम्भव है, वह परमाणु रहा हो, वाष्प रहा हो, विद्युत रहा हो या ईथर रहा हो! उसके भीतर कोई ऊर्जा थी जिससे वह द्रव्य विकास की ओर चलने लगा; या सम्भव है, यह ऊर्जा कहीं अन्यत्र से आई हो! श्री अरविन्द कहते हैं कि यह गड़बड़ घोटाला है। यह ऊर्जा कहाँ से आई? चिरकाल तक वह निश्चेष्ट क्यों रही और अचानक वह क्रियाशील क्यों हो उठी?

श्री अरविन्द ने प्रश्न उठाया : 'इस द्रव्य की वास्तविकता क्या है? इस ऊर्जा का स्वभाव क्या है? वह वस्तु क्या है, जो विकसित होती है? और विकास हुआ ही क्यों है?'

विज्ञान को मौन पाकर श्री अरविन्द इस निष्कर्ष पर पहुँचे कि मूल द्रव्य के भीतर से वही चीज प्रकट हो सकती है, जो पहले से उसमें मौजूद रही हो। जो चीज मूल द्रव्य में है नहीं, वह विकास के क्रम में उससे प्रकट कैसे हो सकती है? नथिंग केन इन्वॉल्व ह्विच इज नॉट इन्वॉल्व्ड। जो तत्त्व जड़ था, उसमें से चेतन का विकसित होना बिलकुल असम्भव बात है।

श्री अरविन्द कहते हैं : 'हमें यह मानना ही पड़ेगा कि जो चीज विकसित हुई है, वह पहले से ही क्रियाशील या अक्रिय रूप में मूल द्रव्य के भीतर मौजूद थी, भले ही वह प्रच्छन्न रही हो। आत्मा जो शरीर में प्रकट हुई है, वह पहले से ही पुद्गल में विद्यमान थी, उसके कण-कण में व्याप्त थी। इसी प्रकार जीवन और मन भी उस मैटर में छिपे हुए थे और मन से भी आगे जो शक्तियाँ हैं, वे मैटर में छिपी हुई हैं। आदि द्रव्य यदि जड़ था, तो उसमें से चेतन उत्पन्न कैसे हो सकता था?

यही अनुभूति नींव की वह ईंट है, जिस पर श्री अरविन्द-दर्शन का हर्म्य खड़ा है। श्री अरविन्द विकासवाद का वेदान्तीय समाधान देते हैं। मैटर में चेतन छिपा हुआ था। वही जीवन बनकर प्रकट हुआ। जीवन में मन अन्तर्हित था, वही मस्तिष्क बनकर प्रकट हुआ। जीवन मैटर के भीतर प्रच्छन्न था और मन जीवन में छिपा हुआ था। मन से परे की शक्तियाँ भी मन के भीतर प्रच्छन्न हैं। वे भी धीरे-धीरे प्रकट हो जाएँगी।

जीव वह जीवित प्रयोगशाला है, जिसमें काम करके प्रकृति ने मनुष्य को उत्पन्न किया। मनुष्य वह चिन्तनशील प्रयोगशाला है, जिसमें से प्रकृति अतिमनुष्य अथवा देवता उत्पन्न करने में लगी है। किन्तु मनुष्य चूँकि खुद सोचनेवाला जीव है, अतएव अगले विकास की प्रक्रिया के साथ उसे सहयोग करना पड़ेगा। द्रव्य से जीवन और जीवन से मन उत्पन्न हो चुके हैं। अब मन के भीतर से अतिमन प्रकट होनेवाला है, जो मन के भीतर प्रच्छन्न है।

मन को उत्पन्न हुए लाखों वर्ष हो गए और इस बीच मन का विकास भी बहुत दूर तक हुआ है। किन्तु विकास की प्रक्रिया में मन ने मनुष्य के लिए भयानक समस्याएँ भी खड़ी कर दी हैं। पिछले दो सौ वर्षों से तो मनुष्य ने बुद्धिवाद को अपना सर्वस्व ही मान लिया है, लेकिन बुद्धि ने मनुष्य के आगे जो समस्याएँ खड़ी कर दी हैं, उन्हें सुलझाने में बुद्धि असमर्थ है। श्री अरविन्द ने कहा है, बुद्धि सहायिका थी, लेकिन वही अब मुख्य बाधा बन गई है। राजनीतिक, सामाजिक और धार्मिक आन्दोलन, युद्ध और शान्ति के लिए किए जानेवाले सारे प्रयास, सरकारें तोड़ना और सरकारें बनाना, नाना प्रकार के वैचारिक आन्दोलन और अगणित मतवाद– ये सब-के-सब पैबन्दबाजी के काम हैं, जो समस्या को टालने के लिए किये जाते हैं। ये सारे बुद्धि के काम हैं, जिन्हें बुद्धि ही विफल कर देती है। मनुष्य बुद्धि के धरातल पर बहुत दिनों से ठहरा हुआ है। बुद्धि का प्रयोग करके उसने तरह-तरह के सुख भोगे हैं, किन्तु इसी बुद्धि की आग अब उसे जला रही है। बुद्धि के धरातल पर रुककर अब वह अपनी समस्याओं का समाधान नहीं पा सकता। आवश्यक यह है कि वह मन के धरातल से आगे बढ़ने की कोशिश करे और अतिमन की अवस्था में पहुँच जाए। उसके विकास का यही अगला सोपान है। प्रकृति उसे इसी सोपान पर ले जाने के

लिए प्रयास कर रही है और यही भागवत करुणा का भी संकेत है। 'सावित्री' काव्य में श्री अरविन्द ने एक जगह लिखा है कि 'मनुष्य के भीतर विश्व भर की सम्भावनाएँ उसी प्रकार इन्तजारी में हैं, जैसे बीज में छिपा वृक्ष अपने विकास की प्रतीक्षा करता है।' अतिमानसी चेतना मनुष्य के मन के भीतर छिपी हुई है। वह अब प्रकट होने के समीप है। मनुष्य अगर साधनापूर्वक उस चेतना को ग्रहण करने का प्रयास करे, तो अतिमानसी चेतना अवश्य अवतीर्ण होगी और मनुष्य अपनी सभी समस्याओं का समाधान आप-से-आप पा लेगा।

श्री अरविन्द ने आरोह और अवरोह–दो सिद्धान्तों पर जोर दिया है। इवोल्यूशन और इन्वोल्यूशन, दो प्रक्रियाओं की बात कही है। जो छिपा हुआ है, वही प्रकट होता है। जो इन्वॉल्व्ड है, उसी का विकास होता है। उसके मतानुसार इन्वोल्यूशन के क्रम में अब अतिमानस के अवरोह की बारी है। मनुष्य अगर आरोहण के लिए साधना करे, तो अब वह अतिमानस को प्राप्त कर सकता है।

अगर पुरानी भाषा में कहें, तो आरोह मनुष्य के पुरुषार्थ का वाचक है। जब हम साधना करते हैं, प्रयास करते हैं, चेतना की खूँटी के तारों को कसकर चेतना के आकाश में ऊपर उठना चाहते हैं, तब यह सारा प्रयास आरोह का पर्याय होता है और अवरोह भगवान की करुणा करती है; अर्थात् मनुष्य जब प्रयासपूर्वक अपने पात्र को निर्मल बना लेता है, तब भागवत करुणा अवरोह करके उस पात्र में उतर जाती है।

श्री अरविन्द का विकासवादी सिद्धान्त, विज्ञान पर नहीं, अध्यात्म पर आधारित है। इसी सिद्धान्त को पूर्ण करने के लिए उन्होंने आरोह और अवरोह के सिद्धान्त निकाले होंगे। यह कल्पना समीचीन मालूम होती है कि मैटर में जब पहला कम्पन आया होगा, तब वह भगवदिच्छा से ही आया होगा। द्रव्य से जब जीवन निकला, तब वह भगवान की कृपा से निकला था। और जीवन के भीतर से जब मन प्रकट हुआ, तब वह भी ईश्वरीय कृपा का परिणाम था। इस न्याय से समझना तो यही चाहिए कि कालक्रम में मन से भी अतिमन, आप-से-आप, प्रकट हो जाएगा। किन्तु स्थिति-भेद से कर्तव्य-भेद का न्याय यहाँ लागू होता है। पत्थर, पानी, पेड़ और पशु इस

स्थिति में नहीं थे कि वे अपने विकास के लिए प्रयास करें अथवा अन्य किसी प्रकार से भागवत करुणा के साथ सहयोग करें। किन्तु मनुष्य चूँकि सोचनेवाला प्राणी है, इसलिए उसे आत्म-विकास के लिए साधना करनी पड़ेगी, योग करके भागवत करुणा का आह्वान करना होगा। इसीलिए श्री अरविन्द ने यह कहा कि अतिमानसी धरातल की ओर बढ़ने की पहली शर्त यह है कि मनुष्य अपने मन को शान्त करे और सर्वतोभावेन भगवान के प्रति समर्पित हो जाए।

इस प्रकार दिखलाई यह पड़ता है कि आदमी पर वह दायित्व लादा गया, जो बन्दर या पशु-पक्षी पर लादा नहीं गया था। कारण स्पष्ट है। पशुओं की अपेक्षा मनुष्य की समस्याएँ अधिक जटिल हैं, क्योंकि उसे मन मिला हुआ है और वह सोच सकता है। यह भी कि अब कोई बन्दर आदमी नहीं बनेगा। अगला विकास अब मन के ही धरातल पर से होगा और मनुष्य की सारी समस्याओं का मूल उसके मन में गड़ा हुआ है। अतएव श्री अरविन्द का पहला उपदेश यह है कि अतिमानसी अवतरण की प्रक्रिया को मनुष्य तभी तीव्र बना सकता है, जब वह अपने मन को शान्त कर ले। मनुष्य का अपने-आपको ऊपर उठाने का यह प्रयास आरोह है। और अवरोह भागवत करुणा के अवतरण को कहते हैं।

इन्वोल्यूशन के क्रम में भागवत करुणा सत्, चित् और आनन्द से उतरकर अतिमानस तक आती है और एवोल्यूशन के क्रम में हम द्रव्य, जीवन और चित्त से होकर मन तक पहुँचे हैं। मन और अतिमन के बीच एक आवरण है। सावित्री में एक उक्ति आती है : 'तुम्हारे और प्रभु के बीच अन्धकार का एक आवरण-मात्र है।' इसे फाड़कर अतिमन से एकाकार होने के लिए मनुष्य को मन की शान्ति प्राप्त करनी पड़ेगी, भागवत करुणा का आह्वान करना पड़ेगा। यह अतिरिक्त बोझ उस पर इसलिए है कि वह न तो वृक्ष और पौधा है, न पशु या मात्र जीव। एक बात और है कि पेड़, पौधे और पशु सोचने में असमर्थ हैं। इसीलिए वे विकास की प्रक्रिया में रुकावट नहीं डालते। लेकिन मनुष्य के भीतर सोचने की शक्ति है और उसका सतत दोलायमान मन विकास की प्रक्रिया में बाधा डाल सकता है। अतएव मन को शान्त करके उसे विकास का निश्चेष्ट माध्यम बनना चाहिए।

यह भी ध्यान देने की बात है कि श्री अरविन्द ने जन्मान्तरवाद की तो चर्चा बहुत बार की है (क्योंकि विकासवाद का यह आवश्यक अंग है), किन्तु कर्मफलवाद की चर्चा बार-बार करने की आवश्यकता उन्हें नहीं हुई। हाँ, इस बात पर उन्होंने बहुत जोर दिया है कि मन के चंचल रहने पर मनुष्य अतिमानसी शक्ति का पात्र नहीं हो सकेगा।

मनुष्य आधिभौतिक शक्तियों की सन्तान नहीं है, वह प्रकृति की क्रिया और प्रतिक्रिया के योग से नहीं जनमा है, न वह निर्जीव द्रव्य की सन्तति है। मैटर के भीतर जो चेतना निहित है, वह प्रकट होने का प्रयास कर रही है। मनुष्य चेतना की उसी प्रक्रिया की सन्तान है और इसीलिए उसकी आध्यात्मिक सम्भावनाएँ भी अनन्त हैं। जब जीवन के भीतर से मन प्रकट हुआ, तब विकास एक निर्णायक स्थिति पर पहुँच गया। मनुष्य उसी निर्णायक स्थिति का प्रतिनिधि है। इस स्थिति से निकलकर वह विकास के अगले सोपानों पर पहुँचे, यह स्वाभाविक भी है और अनिवार्य भी। अपनी नियति को पहचानना और उसे प्राप्त करने का प्रयास करना, यह मनुष्य का ही विशेषाधिकार है।

इवोल्यूशन और इन्वोल्यूशन के साथ श्री अरविन्द ने इंटेग्रेशन की भी बात कही है। मैटर से जब जीवन उत्पन्न हुआ, तब जीवन के साथ मैटर भी बना रहा। यह इंटेग्रेशन था। जब जीवन के भीतर से मन प्रकट हुआ, तब भी द्रव्य और जीवन, दोनों मन के साथ रहे। इसीलिए जब मन के भीतर से अतिमानस प्रकट होगा, तब भी द्रव्य, जीवन और मन उसके साथ रहेंगे।

जिसे श्री अरविन्द ने अतिमानस कहा है, वह भगवान की सत्य-चेतना का पर्याय है। अतिमानस विकास की प्रक्रिया में प्रकट होने के योग्य है, यद्यपि वह उच्चतम कोटि की आध्यात्मिक चेतना है। द्रव्य, जीवन और मन– ये चेतना के निम्नस्तर के सोपान हैं। चेतना के उच्च स्तर को श्री अरविन्द ने चार सोपानों में विभक्त किया है। वे हैं क्रमशः उच्चतर मन, प्रकाशित मन, संबुद्ध मन और ओवर माइंड। अतिमानस का स्तर ओवर माइंड से भी ऊपर पड़ता है।

मन की सीमा से परे चार-पाँच सोपानों का वर्णन श्री अरविन्द ने इसलिए किया है कि मनुष्य समझ सके कि बुद्धि उसकी एकमात्र पूँजी नहीं है; उसके

परे भी अनेक शक्तियाँ हैं, जिनका उपयोग मनुष्य ने नहीं किया है या किया है तो बिरले लोगों ने किया है। यह सच है कि बुद्धि ने मनुष्य की बहुत बड़ी सेवा की है, किन्तु वही अब उसके मार्ग की सबसे बड़ी बाधा भी है। बुद्धि जहाँ तक देख सकती थी, वहाँ तक वह देख चुकी है। अब आगे की वास्तविकता की झाँकी संबुद्धि (इनटुइशन) ले सकती है, ओवर माइंड ले सकता है और अतिमानसी धरातल पर पहुँचकर तो आदमी सर्वज्ञ बन जाएगा। कोरी बुद्धि की निन्दा श्री अरविन्द ने अनेक स्थलों पर की है। बुद्धि को उन्होंने वह शक्ति कहा है, जिसे कुछ भी मालूम नहीं है। किन्तु बुद्धि की जो भर्त्सना उन्होंने 'सावित्री' काव्य में की है, वह शायद सबसे कठोर है :

> 'अगर बुद्धि ही सब कुछ है, तो फिर दिव्य आनन्द की सारी आशा छोड़ दो। क्योंकि बुद्धि सत्य के शरीर का स्पर्श कभी नहीं कर सकती, न वह ईश्वर की आत्मा को देख सकती है। बुद्धि की पहुँच केवल ईश्वर की छाया तक है, वह ईश्वर की हँसी को नहीं सुन सकती।'

यहाँ फिर वही समानान्तर कथन सर जेम्स जींस का याद आता है। असली दीवार अदृश्य है। विज्ञान जिस कैनवास पर काम कर रहा है, वह उस अदृश्य दीवार की छाया है। यह एक वैज्ञानिक की अनुभूति है और यही अनुभूति योग के द्वारा श्री अरविन्द को भी प्राप्त हुई। ओनली हिज शैडो इट ग्रास्प्स, नॉट हियर्स हिज लाफ्स।

बुद्धि के आगे जो अन्धकार है, वह बुद्धि के फाड़े नहीं फटेगा। और जब यह आवरण फट जाएगा, विचारक वहाँ नहीं होगा। तब केवल आत्मा देखेगी और उसे सब कुछ ज्ञात हो जाएगा। ज्ञान तभी जन्म लेता है, जब बुद्धि की मृत्यु होती है।

अतिमानस के विकास को श्री अरविन्द निश्चित मानते हैं। प्रकृति ने मनुष्य के विकास की जो योजना बना रखी है, उसमें अतिमानसी अवतरण का अटल स्थान है। अगर मनुष्य बुद्धि के धरातल से नहीं भागेगा, तो बुद्धि उसका विनाश कर डालेगी, जिसके लक्षण युद्ध-विद्या के विकास में दिखाई भी पड़ रहे हैं। किन्तु मनुष्य विनाश से बच निकलेगा, क्योंकि बुद्धि के धरातल से ऊपर उठकर उसे उच्चतर धरातल पर पहुँचना ही है। अतिमानस

कोरी कल्पना नहीं, वह मनुष्य की अगली मंजिल है, उसकी नियति और गन्तव्य है।

जैसे-जैसे विकास की प्रक्रिया आगे बढ़ेगी, मनुष्य अपनी भौतिक सीमाओं का अतिक्रमण करता जाएगा और उसका आध्यात्मिक रूप भी निखरता जाएगा। किन्तु आध्यात्मिक व्यक्तियों को उत्पन्न करके विकास वहीं रुकनेवाला नहीं है। मानवीय विकास का लक्ष्य अध्यात्म की सम्पुष्टि नहीं, बल्कि पूरे समाज का डिनाइजेशन है, पूरे समाज को दिव्य बनाना है।

रूपान्तरण

इसीलिए रूपान्तरण का श्री अरविन्द के सिद्धान्त में बड़ा ही महत्त्वपूर्ण स्थान है। रूपान्तरण चैत्तिक, आध्यात्मिक और अन्त में अतिमानसिक होगा। अहं भाव का नाश–इसे श्री अरविन्द ने चैत्तिक अथवा साइकिक रूपान्तरण कहा है। आनन्द, ज्योति और ज्ञान का मनुष्य के अन्तर्मन में प्रवेश–इसे वे आध्यात्मिक रूपान्तरण मानते हैं। किन्तु अतिमानसिक रूपान्तरण सबसे कठिन है। उसके लिए आरोह और अवरोह, दोनों अनिवार्य हैं। मनुष्य को अतिमानसिक धरातल तक पहुँचने के लिए प्रयास भी करना चाहिए और उस पर ऊपर से भागवत करुणा का अवरोह भी होना चाहिए। जब तक अतिमानस का अवतरण नहीं होगा, मनुष्य का सम्पूर्ण रूपान्तरण भी अवरुद्ध रहेगा। श्री अरविन्द ने कहा है : 'जब तक भागवत करुणा अपनी पूरी शक्ति के साथ नीचे नहीं उतरती, मनुष्य का सम्पूर्ण रूपान्तरण बिलकुल असम्भव है।'

वैज्ञानिक विकासवाद इस प्रश्न का उत्तर नहीं दे सकता कि आखिर जड़ से चेतन की उत्पत्ति कैसे हुई, न वह यही बता सकता है कि सृष्टि हुई क्यों। वह शायद यह समझता है कि सृष्टि की रचना आकस्मिक घटना है, कोई निरुद्देश्य कार्य है, जो खुद-ब-खुद घटित हो गया है। उसके पीछे किसी शक्ति की सुनियोजित योजना नहीं है। कोई आश्चर्य नहीं कि बहुत-से दार्शनिक सृष्टि को अर्थहीन समझने लगे हैं, एब्सर्ड मानने लगे हैं। किन्तु श्री अरविन्द कहते हैं कि ऐसी बात नहीं है। जड़ में चेतन छिपा हुआ था। वही अपनी योजना के अनुसार विकास की लीला सम्पन्न कर रहा है। संसार

की छोटी-से-छोटी और बड़ी-से-बड़ी घटनाओं के पीछे उसका हाथ है। सृष्टि की प्रत्येक रेखा, प्रत्येक वक्रता में कोई अर्थ है :

> 'सृष्टि की रचना संयोग (चांस) की बेतरतीब ईंटों से नहीं हुई है। नियति का निर्माण करनेवाला देवता चक्षुहीन नहीं है। जीवन की योजना किसी चेतन शक्ति ने बनाई है। इसकी प्रत्येक रेखा और हर एक कर्व (वक्रता) में कोई-न-कोई अर्थ है।'

[सावित्री]

इसीलिए मैं मानता हूँ कि श्री अरविन्द के योग में भक्ति की पूरी गुंजाइश है, क्योंकि भक्ति को छोड़कर मनुष्य के पास और कौन साधन है, जिसके द्वारा वह भगवत्कृपा का आह्वान करे? भगवत्कृपा की पात्रता आत्म-समर्पण से आती है, गुरु-कृपा से आती है और श्रीमाँ के आशीर्वाद से आती है। हाँ, श्री अरविन्द का यह कहना सत्य है कि भक्ति की पूर्णता तब है, जब वह कर्म और ज्ञान भी बन जाए।

जब अतिमानसी ज्योति मनुष्य के भीतर प्रवेश करेगी, तभी मनुष्य सच्चे अर्थों में अध्यात्मजीवी या 'नास्टिक बींग' के रूप में बदल सकेगा। अध्यात्मजीविता को प्राप्त करना व्यक्ति की चरम पूर्णता है, वही उसका चरम विकास भी है।

अध्यात्मजीविता पहले कुछ लोगों को ही प्राप्त होगी। किन्तु ये कुछ लोग ही नाभिक होंगे, जिनके प्रभाव से सारा समाज अध्यात्मजीवी बन जाएगा।

श्री अरविन्द ने कोई अवधि नहीं बताई है कि यह रूपान्तरण कब तक सम्पन्न होगा; किन्तु यह बात उन्होंने अवश्य कही है कि यह रूपान्तरण चमत्कार से घटित नहीं होगा, न वह अचानक आएगा। यह कल्पना मनुष्य के देवत्व की कल्पना है। उसकी प्रगति शनैः-शनैः के सिवा और कुछ हो ही नहीं सकती है :

कितनी धीमी गति है! विकास
कितना अदृश्य हो चलता है!
इस महा वृक्ष में एक पत्र
सदियों के बाद निकलता है।

[रश्मिरथी]

इस अध्यात्मजीवी मनुष्य अथवा अतिमानव के लक्षण क्या होंगे, इस बारे में भी कई लोगों ने अनुमान लगाए हैं। शायद उसकी संज्ञाएँ पाँच से अधिक हो जाएँ। शायद वह अमर हो जाए। श्री अरविन्द स्वयं सोचते थे कि अतिमानसीकृत मानव को भोजन की आवश्यकता नहीं होगी। सम्भव है, वह कास्मिक ऊर्जा से अपनी पुष्टि ग्रहण कर ले। किसी-किसी ने यह अनुमान भी लगाया है कि अमरता का अर्थ स्वेच्छाकरण होगा। जब आज का आदमी वस्त्र के पुराना होने पर उसे छोड़ देता है, तब अतिमानव भी शरीर के पुराना पड़ने पर उसका त्याग ही करेगा।

ये सब-के-सब अनुमान हैं। अगर हम प्रमाण चाहते हों, तो हमें 'सावित्री' की शरण जाना पड़ेगा :

'अमरता के लोक से आकर पृथ्वी पर उपनिवेश बसानेवाला सम्राट।'

'धरती पर उसकी आत्मा स्वर्ग के प्रतिनिधि के रूप में निवास करती थी।'

'उसका प्रत्येक कार्य अपने पीछे एक पदचिह्न छोड़ता था, जो किसी देवता का पदचिह्न था।'

'वह अपनी सुन्दरता और अपने आनन्द का आप ही कलाकार था।'

'हमारे मर्त्य दैन्य के बीच वह अमरता का साकार रूप था।'

'जो मानस ससीम था, वह निस्सीम प्रकाश बन गया।'

'रूप की छलना में न फँसकर वह सीधे आत्मा को देख लेता था।'

'अपने विचार वह दूसरों के भीतर सुनता था। उसका आन्तरिक व्यक्तित्व दूसरों के व्यक्तित्व से एकाकार था।'

जब मानव-समाज अध्यात्मजीवी हो जाएगा, तब सबकी चेतना सबकी चेतना से एकाकार हो जाएगी और आज सभ्यता जिस त्रास से पीड़ित है, जिस संघर्ष से छिन्न-भिन्न है, जिस मृत्यु से डरी हुई है, वे सब-के-सब समाप्त हो जाएँगे। मनुष्य के भीतर न ईर्ष्या होगी, न द्वेष होगा; न कीर्ति की कामना होगी, न प्रभुत्व जमाने का लोभ होगा।

यह स्वप्न इतना सुन्दर है कि लगता है, वह सच नहीं होगा। पृथ्वी को स्वर्ग बनाने की कल्पना अनेक बार की गई है, किन्तु वह यूटोपिया बनकर रह गई है। क्या श्री अरविन्द का विकासवादी सिद्धान्त भी यूटोपिया बनकर ही रह जाएगा? आशा केवल इस बात से बँधती है कि अन्य यूटोपियाओं

के कर्ता केवल मेधावी चिन्तक थे, किन्तु श्री अरविन्द की असली विशेषता यह थी कि वे योगी थे। उन्होंने जो कुछ लिखा होगा, देखकर लिखा होगा, केवल सोचकर नहीं।

श्री अरविन्द के दर्शन का मूल वेदान्त में है। वेदान्त तो सारे संसार के सामने पड़ा हुआ था, किन्तु किसी को यह सूझा ही नहीं कि जड़ को भी चेतन और सत्य मानकर वह शंकर के मायावाद को अमान्य कर दे। यह साहसपूर्ण सूझ श्री अरविन्द में प्रकट हुई और एक ओर जहाँ उन्होंने मायावाद को अमान्य कर दिया, वहाँ दूसरी ओर उन्होंने विकासवादी वैज्ञानिकों को भी इस खोई हुई कड़ी का संधान दे दिया कि आखिर सृष्टि बनी क्यों? सृष्टि बनी इसलिए कि जड़ के भीतर चेतन प्रच्छन्न था और वह अपनी पूर्णावस्था को पहुँचना चाहता था। मन के स्तर तक वह पहुँच गया है। किन्तु वह यहीं नहीं रुकेगा। वह सच्चिदानन्द की ओर जा रहा है।

उपनिषदों में से श्री अरविन्द-दर्शन की लगभग पूरी समानता तैत्तिरीय उपनिषद् के साथ बैठती है। तैत्तिरीय में ही भृगु की वह कथा आती है, जिस पर से अन्नमय, प्राणमय, मनोमय और विज्ञानमय कोशों की कल्पना की गई है। भृगु महर्षि वरुण के पुत्र थे। एक दिन भृगु ने अपने पिता से कहा, 'मुझे ब्रह्म की शिक्षा दीजिए।'

वरुण ने कहा, 'ब्रह्म को जानने के साधन अन्न, प्राण, चक्षु, श्रोत्र, मन और वाक् हैं, जिसमें से सबकी उत्पत्ति होती है, जिसके बल से सबका अस्तित्व है और जिसमें सब विलीन हो जाते हैं, वही ब्रह्म है।'

भृगु ने ब्रह्म को जानने के लिए तय किया और तब पिता के पास आकर वे बोले, 'अन्न ब्रह्म है', अर्थात् मैटर ब्रह्म है।

पिता ने कहा, 'तुम और तप करो।'

दूसरी तपस्या के बाद भृगु ने पिता से आकर कहा, 'प्राण ब्रह्म है।'

पिता ने कहा, 'और तप करो।'

तीसरी तपस्या के बाद भृगु ने कहा, 'मन ब्रह्म है।'

पिता ने उन्हें फिर तपस्या करने का आदेश दिया।

चौथी तपस्या के बाद भृगु को अनुभूति हुई कि 'विज्ञान ब्रह्म है।' और पाँचवीं तपस्या के बाद उन्हें बोध हुआ कि 'आनन्द ब्रह्म है।'

इस कथा से जो चित्र बनता है, वह यह है कि सृष्टि के निम्नतम स्तर पर जो वस्तु जड़वत पड़ी है, चेतना उसके भीतर भी विद्यमान है। इसीलिए पहली खोज में भृगु ने अन्न को ब्रह्म मान लिया। इस निम्नतम स्तर से चेतना ज्यों-ज्यों विकास पाती हुई ऊपर की ओर बढ़ती है, त्यों-त्यों क्रमशः प्राण, मन और विज्ञान प्रकट होते हैं। चेतना का चरम विकास आनन्द है, जो ब्रह्म का स्वरूप है।

जिसे श्री अरविन्द अतिमानस कहते हैं, वह कदाचित् वही धरातल है, जिसे तैत्तिरीय ने विज्ञान कहा है। हाँ, मन और अतिमन के बीच श्री अरविन्द ने उच्चतर मन, प्रकाशित मन, संबुद्ध मन और ओवरमाइंड के नाम से जो चार सोपान बताए हैं, वह उनकी अपनी उद्भावना है।

श्री अरविन्द आश्रम का वास्तविक आरम्भ सन् 1926 ई. से माना जाता है। उस साल अपने जन्म-दिवस के अवसर पर श्री अरविन्द ने इस विषय को स्पष्ट करने के निमित्त एक छोटा-सा वक्तव्य दिया था कि उनके योग का वास्तविक उद्देश्य क्या है?

'हमारे योग का वास्तविक उद्देश्य एक चेतना को, एक शक्ति को, एक प्रकाश को, एक वास्तविकता को ऊपर से उतारकर नीचे लाना है। यह शक्ति उस चेतना से भिन्न है, जिसे पाकर पृथ्वी के सामान्य जीव सन्तुष्ट हो जाते हैं। यह सत्य है कि यह चेतना, यह शक्ति, सत्य की यह ज्योति, यह भागवत सत्ता पार्थिव चेतना को ऊपर उठाएगी और यहाँ जो कुछ भी है, उसका रूपान्तरण कर देगी।'

'याद रखो कि अन्य योगों के जो अन्तिम उद्देश्य हैं, वे हमारे लिए प्रथम सोपान हैं, पहली शर्तें हैं। पुराने समय में यदि योगी को ब्रह्मचेतना की अनुभूति हो जाती थी, उसके भीतर कोई ज्योति या शक्ति उतर आती थी अथवा अज्ञात लोक की कोई किरण कौंध जाती थी, तो वह इतने से सन्तुष्ट हो जाता था। यदि मन को कोई आध्यात्मिक अनुभूति प्राप्त हो जाती थी अथवा प्राणिक तत्त्व का सम्पर्क मन के साथ हो जाता था, तो योगी इतने को ही पर्याप्त समझ लेता था। उस समय निश्चलता की स्थिति को ही योगी मोक्ष अथवा परम ध्येय मान लेते थे।

इस स्थिति की अनुभूति, परम सत्ता के प्रति अपने अन्तःकरण को खोल देना, अज्ञात लोक की झलकें और अनुभूतियाँ प्राप्त करना, अहं की स्थिति

से ऊपर उठ जाना, सार्वभौम मानस और सार्वभौम आत्मा का अनुभव प्राप्त करना—ये तो हमारे योग की पहली शर्तें हैं।

हमारा ध्येय तो यह है कि हम महत्तर चेतना को पुकारकर प्राणिक स्तर पर लाएँ, शारीरिक स्तर पर उतारें, जिससे मूल से शिखर तक सर्वत्र परम शान्ति और सार्वभौमता पूर्ण रूप से व्याप्त हो जाए। अगर यह सम्भव नहीं हुआ, तो रूपान्तरण की पहली शर्त ही अधूरी रह जाएगी।

जब तक प्राण का रूपान्तरण नहीं होता, तब तक मन का रूपान्तरण होगा ही नहीं। अनुभूतियाँ तो प्राणिक जीव को ही प्राप्त होती हैं। अगर प्राणिक स्तर रूपान्तरित नहीं हुआ, तो रूपान्तरण किसी भी स्तर का नहीं होगा।

और प्राणिक के सम्पूर्ण रूपान्तरण के लिए यह आवश्यक है कि शारीरिक जीव भी परिवर्तित हो, वह भी भगवान की ओर उन्मुख और उन्मुक्त हो। जब तक जीवन के परिवेश अयोग्य हैं, तब तक प्राणिक जीव भी भागवत अनुभूति में असमर्थ रहेगा।

साथ ही, शरीर के भीतर जो सूक्ष्म शरीर है, वह तब तक नहीं रूपान्तरित होगा, जब तक बाहरी शरीर यानी बाह्य मनुष्य परिवर्तित न हो जाए। हमारा योग सम्पूर्णता का योग है और इसके अन्दर प्रत्येक भाग अन्य सभी भागों पर निर्भर करता है। इसलिए लक्ष्य से इधर ठहर जाने का यह अर्थ तो हो सकता है कि अभी हम अगले जीवन की तैयारी कर रहे हैं, किन्तु इसका अर्थ विजय नहीं है।

'कोई पक्ष स्थायी रूप से रूपान्तरित हो, इसके लिए आवश्यक है कि सभी कुछ रूपान्तरित हो जाए।'

क्या श्री अरविन्द अकेले हैं?

जब तक परमाणु का भंजन नहीं हुआ था, भौतिकी का विश्वास था कि द्रव्य कोई ठोस पदार्थ है। किन्तु परमाणु के टूटने के बाद दिखाई यह पड़ रहा है कि द्रव्य भी शून्य स्पेस ही है। न्यूटन मानते थे कि प्रकाश कण है। नई भौतिकी कहती है कि प्रकाश कण भी है और तरंग भी।

भौतिकतावादी यह भी मानते थे कि देश और काल की सत्ताएँ अलग-अलग और स्वतंत्र हैं। किन्तु नई भौतिकी समझती है कि बात ऐसी नहीं है। देश और काल, कहीं-न-कहीं जाकर, एक हो जाते हैं। उनकी सत्ता एक है और उसी एकता में से हमारे मन ने अपनी सुविधा के लिए देश और काल को अलग-अलग कर लिया है।

नई भौतिकी को यह भी पता चला है कि विद्युत और चुम्बक की शक्तियाँ वास्तविक नहीं हैं, वे हमारे मन की कल्पनाएँ हैं। गुरुत्वाकर्षण की शक्ति, ऊर्जा और मोमेंटम के सिद्धान्तसब-के-सब हमारे मन की रचनाएँ हैं।

भौतिकी का हर ऊँचा सिद्धान्त अब गणित की भाषा में बोल रहा है। किन्तु पहले वह इंजीनियर और मेकैनिक की भाषा बोलता था। गणित शरीर नहीं, मन है।

इन कई उदाहरणों से मैं जिस बात को रेखांकित करना चाहता हूँ, वह यह है कि विज्ञान अब भौतिकता से निकलकर मानसिकता की ओर बढ़ रहा है, मेटरियलिज्म से आगे मेंटलिज्म में प्रवेश कर रहा है।

विज्ञान में मेंटलिज्म की प्रवृत्ति बढ़ रही है, केवल इतने से अरविन्द-दर्शन का समर्थन नहीं होता। यह दर्शन तो मन के अतिक्रमण का दर्शन है। फिर भी यह बात ध्यान देने के योग्य है कि उच्च मन, प्रकाशमान मन और संबुद्ध मन का स्वभाव शरीर के स्वभाव से नहीं, मन के ही स्वभाव से मिलता है। श्री अरविन्द मन से ऊपर जाने की राह दिखाते थे, विज्ञान शरीर से ऊपर उठकर मन की ओर जा रहा है। और मन शरीर की अपेक्षा आत्मा के अधिक समीप है। सम्भव है, जिस प्रकार श्री अरविन्द ने बुद्धि और मन को असमर्थ मानकर अति मन का अनुसंधान किया, उसी प्रकार विज्ञान को भी यह स्वीकार करना पड़े कि सृष्टि का जो परम रहस्य है, वह बुद्धि से जाना नहीं जा सकता, न केवल बुद्धि से मनुष्य अपनी समस्याओं का समाधान पा सकता है।

सच तो यह है कि विज्ञान बुद्धि की असमर्थता को स्वीकार करे या नहीं, उन्नीसवीं और बीसवीं शताब्दी के कई दार्शनिकों ने उसे स्वीकार कर लिया है। इसीलिए बुद्धि की जगह अबुद्धि और रीजन के बदले अनरीजन की चर्चा अब आम होने लगी है। यह और कुछ नहीं, उन आशाओं के विफल होने का परिणाम है, जो आशाएँ मनुष्य ने बुद्धिवाद से लगा रखी थीं। बुद्धि सहायिका थी, बुद्धि ही अब शाप बन गई। आज संसार ध्वंस के कगार पर खड़ा है। इसकी जिम्मेदारी बुद्धि पर डाली जाए या अध्यात्म पर?

बुद्धि की जैसी तीव्र आलोचना श्री अरविन्द ने की है, वैसी ही आलोचना पास्कल और किर्केगार्ड ने भी की थी। और उन्होंने भी समाधान यही दिया था कि बुद्धि का विकल्प यह है कि मनुष्य ईश्वर के उस रूप पर श्रद्धा रखना सीखे, जिसका आख्यान बाइबल ने किया है।

फ्रांस के प्रकांड दार्शनिक हेनरी बर्सों भी बुद्धि को अनुपयोगी और असमर्थ मानते थे। उनका मत यह था कि इनट्युइशन या संबुद्धि का विकास किये बिना मनुष्य का उद्धार नहीं होगा। यह बड़ी ही अद्भुत बात है कि जो भी चिन्तक बुद्धि की असमर्थता को समझ लेता है, वह श्रद्धा की ओर चला जाता है। बर्सों का भी मत था कि 'मनुष्य की अन्तिम नियति यह है कि वह जीवन-धारा के साथ मिल जाए, ईश्वर के साथ एकाकार हो जाए।'

मार्टिन हेडेगर और श्री अरविन्द समकालीन थे, किन्तु एक-दूसरे को वे नहीं जानते थे। फिर भी हेडेगर का चिन्तन श्री अरविन्द के चिन्तन से मेल खाता है। तर्क-बुद्धि को हेडेगर भी अपर्याप्त मानता है। वह भी कहता है कि केवल सोचने से हम सत्य को नहीं पा सकते। सत्य वह है, जिसे हम जी सकते हैं, जिसकी हमें अनुभूति प्राप्त होती है। वैयक्तिक मोक्ष को हेडेगर भी हेय मानता है। उसका भी विचार है कि पृथ्वी का रूपान्तरण ही मनुष्य के सामने एकमात्र उपाय है। जिसे श्री अरविन्द अध्यात्मजीवी मनुष्य कहते हैं, उसे हेडेगर ने आथेंटिक बींग यानी प्रामाणिक जीव कहा है।

विकास की प्रक्रिया यांत्रिक है अर्थात् वह एक निरुद्देश्य प्रवाह है। इस स्थापना को स्वीकार करने में आधुनिक विकासवादियों को दुविधा होने लगी है। हेनरी काल्डरवुड ने ('इवोल्यूशन एंड मैंस प्लेस इन नेचर' में) लिखा है कि 'भासित यह होता है कि परिवेश की अपनी सीमाएँ हैं और विकास अपनी पूर्णता पर तब पहुँचेगा, जब उसके लिए आन्तरिक प्रयास किया जाए।' अर्थात् विकास का क्रीडाक्षेत्र अब शरीर नहीं, चेतना है। मनुष्य प्रकृति के भरोसे निश्चिन्त नहीं बैठ सकता, परिवेश की सीमाओं से बाहर निकलने के लिए उसे भीतर से जोर लगाना होगा।

यह बात हेनरी बर्सों ने भी लिखी है कि भौतिकी एवं रसायनशास्त्र के नियमों से सारा जीवन परिभाषित नहीं किया जा सकता। लगता है, विकास के आरम्भ से ही चेतना विद्यमान रही है।

इस सम्बन्ध में श्री अरविन्द-दर्शन का सबसे अधिक समर्थन पियरे टेलहार्ड द चार्डिन में मिलता है। उन्होंने 'द फेनोमेनन ऑव् मैन' नामक

अपनी पुस्तक में विकास की अनेक सम्भावनाओं पर विचार किया है और वे इस निष्कर्ष पर पहुँचे हैं कि विकास की यात्रा चेतना की ओर है, पूर्ण चेतना की ओर है। प्रकृति निर्जीव पदार्थ नहीं है। वह चेतन और सजीव है। समाज एक दिन अपने नाना संघर्षों, नाना विपत्तियों और समस्त रोगों से अवश्य मुक्त हो जाएगा।

किन्तु टेलहार्ड का मत है कि यह सब विज्ञान ही सम्पन्न करेगा, जब कि श्री अरविन्द समझते हैं कि आगे का विकास केवल आध्यात्मिक चेतना के विकास से पूर्ण होनेवाला है। टेक्नोलॉजी की बुद्धि मनुष्य की बुद्धि से आगे बढ़ गई है। मनुष्य में वह नैतिकता चाहिए, वह आध्यात्मिक सामर्थ्य चाहिए, जो विज्ञान से उत्पन्न शक्तियों को सँभाल में रख सके। और यह सामर्थ्य उसे चेतना के आध्यात्मिक रूपान्तरण से ही प्राप्त होगी।

इधर श्री अरविन्द की तुलना गुरजिएफ और उनके शिष्य औस्पैंस्की से भी की जाने लगी है। गुरजिएफ पंडित कम, संत अधिक थे। किन्तु औस्पैंस्की कठोर तार्किक और बहुत बड़े विद्वान थे। गुरजिएफ ने भी अध्यात्मजीवी मनुष्य की कल्पना की है और इस बात पर जोर दिया है कि मनुष्य को चाहिए कि वह सबसे पहले अपने-आपको पहचाने। इससे श्री अरविन्द का इतना ही समर्थन प्राप्त होता है कि मनुष्य का अगला विकास अध्यात्म की दिशा में है। औस्पैंस्की ने इसी सम्भावना को गूढ़ तर्कों से सिद्ध किया है। लेकिन औस्पैंस्की के विषय में एक लेखक (श्री केनेथ वाकर ने) यह कह डाला है कि उनके भीतर आध्यात्मिक दृष्टि की वह प्रामाणिकता नहीं मिलती, जिसके दर्शन हमें श्री अरविन्द में होते हैं। किन्तु गुरजिएफ सिद्ध पुरुष थे, यह बात संसार के अनेक अध्यात्म-प्रेमी मानते हैं। यूरोप केवल टेक्नोक्रेटों को महादेश नहीं है, वहाँ भी आध्यात्मिक सिद्ध जन्म लेते हैं। यहाँ अलेकसिस कैरेल की याद आना स्वाभाविक है। उनकी दो पुस्तकें 'मैन द अननोन' और 'रेफ्लेक्शंस ऑन लाइफ' बहुत प्रसिद्ध हैं। कैरल सर्जन यानी वैज्ञानिक थे और वैज्ञानिक विश्लेषण के द्वारा इस निष्कर्ष पर पहुँचे थे कि सारी सभ्यता विनाश की ओर जा रही है। वह बचाई तभी जा सकती है, जब मनुष्य की बुद्धि का विकास हो, मनुष्य मैटर के साथ स्पिरिट की ओर भी जाए और उन गुणों को वापस लाए, जो धर्म के साथ

विकसित हुए थे। बुद्धिवाद के नाम पर परम्परा की खिल्ली उड़ाकर मनुष्य ने अपने लिए विपत्ति अर्जित कर ली है।

अक्सर कहा जाता है कि श्री अरविन्द ने सुपरमैन अथवा अतिमानव की कल्पना नीत्शे (मृत्यु 1900 ई.) से उधार ली होगी। यह बात गलत भी है और ठीक भी। ठीक वह इसलिए है कि 'सुपरमैन' शब्द का प्रयोग श्री अरविन्द से पूर्व नीत्शे ने ही किया था। और गलत वह इसलिए है कि नीत्शे की कल्पना का सुपरमैन श्री अरविन्द की कल्पना के सुपरमैन से उतना ही भिन्न है जितना भिन्न राक्षस देवता से होता है। नीत्शे का सुपरमैन वह है, जो सबको मारपीट और दबाकर आगे निकल जाता है। नीत्शे ने जिस सुपरमैन का सपना देखा था, उसका मूर्त रूप हिटलर में दिखाई पड़ा। किन्तु श्री अरविन्द का सुपरमैन नास्टिक बींग होगा, अध्यात्मजीवी मनुष्य होगा, जो समाज को दबाकर अपना अनुगामी नहीं बनाएगा, प्रत्युत उसे अपने तेज, अध्यात्मबल और चरित्र से प्रभावित करके रूपान्तरित करेगा। हाँ, इस बात में नीत्शे और श्री अरविन्द एकमत जरूर हैं कि संसार को उठाकर यदि सचमुच किसी उच्चतर धरातल पर ले जाना है, तो यह कार्य किसी उच्चतर, नूतन मानव-जाति के द्वारा ही सम्पन्न किया जा सकता है, उन लोगों के द्वारा नहीं, जो अपनी वैयक्तिक मुक्ति के लिए प्रयास कर रहे हैं।

फिर भी नीत्शे और श्री अरविन्द के दो-एक मुहावरों में कुछ साम्य अवश्य है। श्री अरविन्द ने अतिमानस के अवतरण के प्रसंग में कहा था कि 'यह वह कदम है, जिसके लिए सारा विकास तैयारी मात्र था।' और नीत्शे ने भी कहा है कि मानवता का सारा इतिहास अतिमानव को जन्म देने की तैयारी भर है। नीत्शे ने यह बात भी बार-बार कही थी कि मनुष्य वह वस्तु है, जिसका अतिक्रमण होना है।

'सुपरमैन' शब्द का तो नीत्शे ने प्रयोग अवश्य किया था, किन्तु सुपरमाइंड अथवा सुपरामेंटलाइज्ड बींग की कल्पना उसे नहीं सूझी थी। और वह उसे सूझती भी कैसे? वह तो मानता था कि 'मैं बिलकुल शरीर हूँ और शरीर से अधिक कुछ भी नहीं हूँ।'

नीत्शे ने उन लोगों पर व्यंग्य किया है, जो स्वर्ग के लोभ में शरीर को दंडित करते हैं। यह बात उसे फिर श्री अरविन्द के समीप ला देती है। लेकिन

नीत्शे ने यह भी कहा था कि 'युद्ध अगर वीरता से लड़ा जाए, तो जिस ध्येय के लिए वह लड़ा जाता है, वह ध्येय पवित्र हो जाता है।'

मेरा खयाल है, अरविन्द-दर्शन के आलोक में यह उक्ति घृणित समझी जाएगी।

यहाँ हमारे भीतर यह जिज्ञासा स्वभावतः ही उठती है कि मार्क्सवादी दर्शन के साथ श्री अरविन्द के विचारों का कहीं कोई मेल है या नहीं। शंकर मैटर को माया समझते थे, किन्तु श्री अरविन्द उसे सत्य मानते हैं; इस बात को लेकर मार्क्स और श्री अरविन्द के बीच एक हलकी झाईं भर समता जरूर दिखाई देती है। लेकिन वह कुछ नहीं है, क्योंकि मार्क्स आत्मा के अस्तित्व को नहीं मानते हैं। वैसे श्री अरविन्द ने एक बार कहा था कि मैं भी अपने को कम्यूनिस्ट समझता हूँ, किन्तु यूरोप में समाजवाद के जो प्रयोग हुए हैं, वे मुझे पसन्द नहीं हैं। अन्यत्र भी उन्होंने कहा है :

> 'जैसे भ्रातृत्व की भावना ईर्ष्या, द्वेष और पारस्परिक वध की भावना से श्रेष्ठ है, वैसे ही साम्यवादी सिद्धान्त भी व्यक्तिवाद के सिद्धान्त से श्रेष्ठ माना जाएगा। लेकिन यूरोप में समाजवाद की जो योजनाएँ आविष्कृत की गई हैं, वे जेल हैं, अत्याचार हैं, बैल के कन्धे पर जुए के समान है।'

एक बार और उन्होंने कहा था :

> 'पृथ्वी पर सही तौर पर साम्यवाद की स्थापना तभी सम्भव है, जब उसका आधार आत्मा का भ्रातृत्व और अहंभाव की मृत्यु हो।'

मेरा खयाल है, श्री अरविन्द-आश्रम में सामूहिक जीवन का जो प्रयोग चल रहा है, वह इसी आध्यात्मिक साम्यवाद का प्रयोग है। आपद्धर्म के रूप में श्री अरविन्द रूसी प्रयोग की भी उपयोगिता स्वीकार करते थे। उन्होंने कहा था कि 'रूसी प्रयोग यदि नहीं हुआ होता, तो मानवता का अनुभव अधूरा रह जाता।'

श्री अरविन्द की मजेदार तुलना उर्दू और फारसी के कवि मोहम्मद इकबाल के साथ की जा सकती है। इकबाल पर नीत्शे और हेनरी बर्सों का पूरा प्रभाव था। बुद्धि की आलोचना उन्होंने बर्सों से सीखी होगी अथवा सम्भव है, बर्सों और भारतीय वेदान्त, दोनों का उन पर प्रभाव रहा हो। बुद्धि

के मार्गदर्शन में चलना इकबाल को बिलकुल पसन्द नहीं था। वे दिल की रहनुमाई का यकीन करते थे। बर्सों की भाषा में अगर इकबाल के 'दिल' का अनुवाद किया जाए, तो वह इनटुइशन ही समझा जाएगा।

गुजर जा अक़्ल से आगे कि यह नूर
चिराग़े-राह है, मंजिल नहीं है।

इससे भी कड़ी बात इकबाल ने यह कही है कि :

जो अक़्ल का गुलाम हो, वो दिल न कर कबूल।

बुद्धिवाद की अन्ध उपासना करते-करते यूरोप सर्वनाश के जिस कगार पर पहुँच गया है, उसके आसार इकबाल को अपने यूरोपीय प्रवास के समय दिखाई पड़ गए थे और पश्चिमी जगत को चेतावनी देते हुए उन्होंने लिखा था :

तुम्हारी तहजीब अपने ख़ंज़र
से आप ही .ख़ुदकुशी करेगी।
जो शाख़े-नाज़ुक पै आशियाना
बनेगा, नापायदार होगा।

एक तरह के विकासवाद की कल्पना इकबाल ने भी की थी और वह कल्पना भी आध्यात्मिक चेतना के विकास पर ही आधारित है। हजरत मोहम्मद ने कहा था : 'तखल्लकुबी अख़लाक अल्लाह।' अर्थात् अपने भीतर अल्लाह के एखलाक अथवा ईश्वर के गुणों को धारण करो। इस पर से इकबाल ने यह सिद्धान्त निकाला कि आदमी जब तक अल्लाह के समान नहीं बनता, तब तक उसका व्यक्तित्व पूर्ण नहीं होगा। जो आदमी अल्लाह से जितनी दूर है, वह उतना ही अधूरा है। जो अल्लाह के सबसे नजदीक आ गया, उसी का व्यक्तित्व सबसे अधिक पूर्ण होता है। लेकिन ऐसा व्यक्ति ईश्वर में लीन नहीं होता, बल्कि ईश्वर ही उसमें लीन हो जाता है :

काफ़िर की ये पहचान कि आफ़ाक में गुम है।
मोमिन की ये पहचान कि गुम इसमें है आफ़ाक।

यही नहीं बल्कि इकबाल ने यहाँ तक कह डाला है :

ख़ुदी को कर बुलन्द इतना
कि हर तक्दीर के पहले,
ख़ुदा बन्दे से ख़ुद पूछे,
बता, तेरी रजा क्या है।

यानी उच्चतम विकास पर पहुँचे हुए व्यक्ति की पहचान यह है कि उसकी इच्छा भगवान की इच्छा में विलीन नहीं होती, भगवान की ही इच्छा उस भक्त की इच्छा में विलीन हो जाती है। मेरा खयाल है, इस शेर के पीछे कहीं-न-कहीं ईश्वर-हन्ता नीत्शे का प्रभाव काम कर रहा है। अथवा यह भी सम्भव है कि इस शेर के पीछे उस सूफियाना अनुभूति की प्रेरणा हो, जिसकी मस्ती में आकर कबीर ने कहा था :

समुन्द समाना बूँद में कबिरा गया हेराय।

अथवा

अलह राम की गति नहीं तहँ घर किया कबीर।

या

पाछे-पाछे हरि फिरैं कहत कबीर-कबीर।

यही इकबाल का पूर्ण मनुष्य है, जिसे श्री अरविन्द ने अपनी कल्पना का अतिमानव माना है; इकबाल, अपनी कल्पना के अनुसार, उसे नायबे-इलाही कहते हैं। लेकिन नीत्शे की कल्पना का सुपरमैन इन दोनों कल्पनाओं से भिन्न है। श्री अरविन्द और इकबाल अध्यात्मजीवी मनुष्य की राह देख रहे हैं, किन्तु इतिहास ने साबित कर दिया है कि नीत्शे हिटलर की राह देख रहा था। नीत्शे का जोर गलत जगह पड़ गया। अन्यथा वह अपनी इस कल्पना के लिए अवश्य वन्दनीय है कि मनुष्य का विकास अधूरा है, उसे अपने आपका अतिक्रमण करना चाहिए।

किन्तु इकबाल हमेशा नायबे-इलाही की कल्पना में मस्त नहीं रह सके। नीत्शे का फार्म अपनाकर वे उसके विचारों से मुक्त रहने की कोशिश में थे,

लेकिन यह कोशिश हमेशा कामयाब नहीं हुई। मुसलमानों को उन्होंने संत नहीं, बाज बनने का उपदेश दिया और खुलकर कहा :

झपटना, पलटना, पलटकर झपटना,
लहू गर्म रखने का है इक बहाना।

तथा

जो कबूतर पर झपटने में मजा है अय पिशर,
वो मजा शायद कबूतर के लहू में भी नहीं।

जब भारत में साम्प्रदायिक दंगे हो रहे थे, उस समय ऐसी पंक्तियाँ नीत्शे का कोई सच्चा शिष्य ही लिख सकता था।

लेकिन आदम को स्वयं भगवान ने बनाया था या वे विकास के क्रम में खुद-ब-खुद उत्पन्न हुए, इस विषय में इकबाल ने विकासवाद को नहीं माना है और स्पष्ट कहा है कि आदम ईश्वर के निर्माण थे। आदम जब स्वर्ग से उतर रहे थे, तब पृथ्वी ने क्या कहकर उनका स्वागत किया था, इस विषय पर इकबाल ने एक बहुत अच्छी कविता लिखी :

खोल आँख जमीं देख, फलक देख, फ़िज़ा देख,
मशरिक से उभरते हुए सूरज को जरा देख।
उस जलवए-बेपरदा को परदों में छिपा देख,
ऐयामे-जुदाई के सितम देख, जफ़ा देख।... इत्यादि

सभ्यता किसी-न-किसी संकट से घिरती जा रही है, इसका अनुभव प्रायः अधिकांश चिन्तकों को हो रहा है, मगर यह कोई नहीं बताता कि इसका कारण क्या है और इस संकट से बचने का क्या उपाय है। इस संकट की अनुभूति ओस्वाल्ड स्पैंगलर को हुई थी, जिसने 'डिक्लाइन ऑव् द वेस्ट' लिखकर सारे संसार को चौंका दिया था। इस संकट की अनुभूति के प्रमाण हम टी.एस. इलियट और अलडूस हक्स्ले में भी पाते हैं। गोल-मटोल ढंग से इस संकट का आभास महात्मा गांधी को भी हुआ था। शायद इसी कारण वे विज्ञान और टेक्नोलॉजी को शंका से देखते थे। विज्ञान और टेक्नोलॉजी

पर कुछ थोड़ी शंका श्री अरविन्द को भी थी, जिसका आभास हमें उनकी दो-एक कविताओं से मिलता है।

लेकिन विज्ञान और टेक्नोलॉजी को मनुष्य छोड़ दे, यह बात न तो सम्भव है, न वांछनीय। विज्ञान और टेक्नोलॉजी को छोड़कर उनसे अलग भागने का काम वैसा ही काम होगा, जिसे श्री अरविन्द ने 'रिफ्यूजल ऑव् द ऐसेटिक' (वैरागी का त्याग) कहा है। श्री अरविन्द का उद्देश्य मनुष्य को वैराग्य सिखाना नहीं है, न यही खतरा है कि अतिमानस में पहुँचकर मनुष्य के मन का नाश हो जाएगा और विज्ञान को वह खो बैठेगा। श्री अरविन्द के योग में नाश या विलय किसी भी तत्त्व का नहीं होता। अपने योग के विषय में तो उन्होंने स्पष्ट कहा है कि 'हमारे योग का ध्येय आत्मविलय नहीं, आत्मपूर्णता है।' इसके सिवा, श्री अरविन्द के सिद्धान्त में इवोल्यूशन और इन्वोल्यूशन के साथ इंटेग्रेशन की शर्त भी मौजूद है। जीवन के उत्पन्न होने के बाद भी द्रव्य जीवन के साथ है और मन के उत्पन्न होने पर भी द्रव्य और जीवन, दोनों मन के साथ हैं। इसी प्रकार अतिमानस के अवतरण के बाद भी मानस या मन मनुष्य को उपलब्ध रहेगा और विज्ञान की प्रक्रिया चलती रहेगी।

एक संसार वह था, जिसमें मनुष्य आत्मा की सत्ता में विश्वास करता था। एक संसार वह है, जिसमें वह विज्ञान और टेक्नोलॉजी को पूज रहा है, पूज रहा है और मन-ही-मन भय से काँप रहा है। अभी-अभी एक लेखक ने यह सुझाव दिया है कि मनुष्य को चाहिए कि वह नई दुनिया के सभी सरो-सामान के साथ पुरानी दुनिया में वापस लौट जाए। इस प्रकार दो संसारों के मिलन से एक तीसरा संसार जनमेगा, जिसमें पुराने संसार की आस्तिकता भी होगी और नये संसार का विज्ञान भी। फिर ऐसा होगा कि या तो मनुष्य ऐसे आविष्कार ही नहीं करेगा, जिसे वह सँभाल में नहीं रख सके या विज्ञान जिन शक्तियों का आविष्कार करेगा, मनुष्य उन्हें अपने काबू में रख सकेगा।

यह और कुछ नहीं, श्री अरविन्द के विचारों को समझे बिना उनके इर्द-गिर्द चक्कर काटना है। मनुष्य को पुरानी दुनिया में लौटने की जरूरत नहीं है। उसे इसी नई दुनिया में बैठे-बैठे यह समझ लेना है कि मैटर निर्जीव

नहीं था। जीवन और मन उसके भीतर छिपे हुए थे, जो कालक्रम में प्रकट हो चुके हैं। किन्तु मैटर के भीतर और भी शक्तियाँ प्रच्छन्न हैं और वे प्रत्यक्ष की जा सकती हैं। उच्चतर मन, प्रकाशित मन, संबुद्ध मन और ओवर तथा सुपर मन इन्हीं शक्तियों के नाम हैं। मनुष्य अपने भीतर छिपी हुई सम्भावनाओं को नहीं समझ पाता, यही उसका दुर्भाग्य है। जिस दिन मनुष्य अपने में छिपी हुई सम्भावनाओं को समझ लेगा, और उन्हें प्रत्यक्ष करने के लिए साधना और प्रयास आरम्भ कर देगा, उसी दिन से पृथ्वी का रूपान्तरण आरम्भ हो जाएगा। इकबाल ने कहा है :

अजब नहीं कि बदल दे इसे निगाह तेरी,
बुला रही है तुझे मुमकिनात की दुनिया।

मनुष्य के भीतर छिपा हुआ सम्भावनाओं का एक सम्पूर्ण विश्व मनुष्य का आह्वान कर रहा है। बुद्धि आखिर शब्द नहीं है, न बुद्धिवादी जीव प्रकृति का सर्वश्रेष्ठ निर्माण है।

[5 जनवरी, 1973]

श्री अरविन्द की साहित्यिक मान्यताएँ

श्री अरविन्द वेद की ऋचाओं को सर्वोत्तम काव्य मानते थे। उनका कहना था कि वैदिक ऋषि अपनी कविता को मंत्र की हैसियत देते थे और रचना वे तभी करते थे, जब उनके भीतर की अनुभूतियाँ आप-से-आप अभिव्यक्ति खोजने लगती थीं। इसीलिए उनकी कविता आकार में छोटी होती थी, क्योंकि शुद्ध अनुभूति केवल कौंधकर चली जाती है, वह देर तक शब्दों में विहार नहीं करती। यही छोटी कविता मंत्र है। मंत्र वह इसीलिए है क्योंकि वह द्रष्टा की अनुभूति से आवेशित है और जो भी व्यक्ति उस मंत्र को समझकर पढ़ेगा, उसके भीतर वही अनुभूति जग जाएगी, जो ऋषि, कवि या द्रष्टा के भीतर जागी थी। वे मानते थे कि कविता का सर्वोत्तम ध्येय यही है कि वह मंत्र बन जाए।

किन्तु श्री अरविन्द की सभी कविताएँ क्या मंत्र की स्थिति को पहुँच सकी हैं? प्रश्न बहुत समीचीन है किन्तु इसका निर्णय कौन कर सकता है?

श्री अरविन्द ने लिखा है कि जैसे फ्रेंच का आलोचक अंग्रेजी काव्य पर सही निर्णय नहीं दे सकता, उसी प्रकार अंग्रेजी का आलोचक भी फ्रेंच की कविता के विषय में जो कुछ कहेगा, वह ठीक-ठीक शुद्ध नहीं होगा। अगर एक ही संस्कृति और विचारधारा के अन्दर जीनेवाले फ्रेंच और अंग्रेज आलोचकों के बारे में यह कहा जा सकता है, तो फिर हम अंग्रेजी में लिखी हुई कविताओं पर क्या राय दें? हम तो भारतीय हैं। हमारी परम्परा के मापदंड से अंग्रेजी की कृति का मूल्यांकन कैसे किया जा सकता है? फिर भी हमें लगता है कि 'सावित्री' काव्य की प्रत्येक पंक्ति मंत्र की स्थिति को पहुँच गई है और वह कविता लम्बी इसलिए हो गई है कि आध्यात्मिक अनुभूतियाँ श्री अरविन्द के भीतर कौंधकर नहीं चली जाती थीं, वे श्री अरविन्द के भीतर सतत विद्यमान रहती थीं, वे सतत वृद्धिमती और प्रसरणशील थीं।

किन्तु जो कविताएँ 'सावित्री' की रचना से पूर्व लिखी गई थीं, वे सचमुच मंत्र-पद पर पहुँची हैं या नहीं, इसमें हमें सन्देह है। श्री अरविन्द ने स्वयं लिखा है कि कवि या साहित्यिक होना आध्यात्मिक ध्येय नहीं है। साहित्यिक को बहुत पढ़ना पड़ता है, रचना के मूड में पहुँचाने के लिए बहुधा आयास करना पड़ता है और रचना करते समय भी आयास से उसे छुट्टी नहीं मिलती। किन्तु आदमी जब अध्यात्म के धरातल पर स्थित हो जाता है, उसे पढ़ने की जरूरत नहीं होती, न रचना के मूड में पहुँचने के लिए उसे आयास करना पड़ता है। कविता तब स्वतः प्रवाहित होकर कलम से बहने लगती है। यही स्वतःस्फूर्त कविता मंत्र है।

श्री अरविन्द ने यह भी लिखा है कि कविता रचने के लिए पहले मुझे भी आयास करना पड़ता था, कभी-कभी बहुत आयास करना पड़ता था। किन्तु अब वह स्थिति नहीं है। कविता अब स्वयं प्रवाहित होती है। उन्होंने यह भी लिखा है कि इधर दस-बीस वर्षों में मैंने खास कुछ पढ़ा भी नहीं है। बस, उतना ही पढ़ता हूँ जितने से संसार के साथ सम्पर्क रखा जा सकता है। लेकिन योग की उच्च्च स्थिति पर आरूढ़ रहने के कारण कविता वे जब चाहते थे, तभी लिख लेते थे। नीरोदवरण राय अन्तिम बारह वर्षों के काल में श्री अरविन्द के स्टेनो रहे थे। उन्होंने मुझे बताया है कि श्री अरविन्द एक

ही बैठक में पत्र भी लिखाते थे, निबन्ध भी लिखाते थे और कविताएँ भी लिखवा देते थे।

बहुत दिनों से यह विवाद चलता रहा है कि कविता आनन्द के लिए है या ज्ञान के लिए। कविता ज्ञान प्रदान करती है, यह बात श्री अरविन्द ने शायद कहीं कही नहीं है। किन्तु ऐसी कविताएँ उन्होंने लिखी हैं, जिन्हें हम ज्ञान की कविता कह सकते हैं। किन्तु कविता का चरम ध्येय मनोरंजन वाला आनन्द है, इस मत का भी वे खंडन करते हैं। वे कहते हैं कि वह धरातल सामान्य मनुष्य का धरातल है, जिस पर कविता सौन्दर्य-बोध अथवा कल्पना का आनन्द मानी जाती है, श्रवणों का सुख या उच्च कोटि का मनोरंजन समझी जाती है। किन्तु साधना के धरातल पर कविता न तो रस है, न भोग है, न देवोपम मनोरंजन का कार्य है। वह दिव्य आनन्द देकर ही समाप्त नहीं हो जाती, वह हमारे भीतर कुछ निर्माण करती है, किसी लोक को प्रकाशित करती है।

दृष्टि, हृदय और विचारये कविता के निश्चेष्ट (पैसिव) माध्यम हैं। आध्यात्मिक कविता की रचना आत्मा करती है और आत्मा ही उसका ग्रहण और आस्वादन भी करती है।

श्री अरविन्द का योग यह बताता है कि साधक को प्राणिक (वाइटल) स्तर से ऊपर उठ जाना चाहिए। किन्तु संसार में जो भी प्रभावशाली काव्य है, वह वाइटल से उत्पन्न हुआ है। शेक्सपियर वाइटल के कवि थे, कालिदास वाइटल के कवि थे, सावित्री को छोड़कर स्वयं श्री अरविन्द की कितनी ही कविताएँ वाइटल की कविताएँ हैं।

मेरा अपना मत है कि मनुष्य के भीतर तीन स्तर हैं। सबसे नीचे का स्तर जैव प्रवृत्ति का स्तर है। उसके ऊपर मन है और उससे भी आगे आत्मा है। जैव प्रवृत्ति के स्तर पर मनुष्य और पशु समान हैं। कविता का जन्म इसी जैव प्रवृत्ति के स्तर पर होता है। अजब संयोग की बात है कि कविता के रसों के जो मूल भाव हैं, उनमें से अनेक मनुष्य में भी होते हैं और पशु में भी। यही स्तर वाइटल कर स्तर है। श्री अरविन्द शायद इस मत के हैं कि कविता के जन्म के समय वाइटल अवश्य आलोड़ित होता है; किन्तु कविता की चरम परिणति यह है कि वह वाइटल से उठकर मन का अतिक्रमण करे और मन को अतिक्रान्त करके वह आत्मा से आलिंगित हो जाए।

कविता का जन्म जैव धरातल पर होता है, किन्तु उसकी सार्थकता तब है, जब वह आत्मा के धरातल पर पहुँच जाए।

धर्म का जन्म आत्मा के धरातल पर होता है, किन्तु उसकी सार्थकता तब है, जब वह नीचे उतरकर हमारे जैव धरातल को प्रभावित करे। धर्म की सबसे बड़ी अभिव्यक्ति हमारे चरित्र में होनी चाहिए।

रस का आस्वादन हम मन से करते हैं, वाइटल यानी प्राणिक शक्ति से करते हैं। किन्तु अध्यात्म मन और प्राण से आगे की चीज है। फिर भी श्री अरविन्द मानते हैं कि आध्यात्मिक कविताओं के भी मूल में वाइटल का आलोड़न अवश्य रहता है। यह अत्यन्त सूक्ष्म संकेत है। इसका पूरा रहस्य तभी समझ में आ सकता है, जब कोई यह बता दे कि 'सावित्री' रचना में प्राणिक आलोड़न कहाँ-कहाँ पर है।

अपनी पीढ़ी के काव्य-प्रेमियों के बारे में श्री अरविन्द का यह विचार था कि उनका काव्य-ज्ञान यदि शेली और बायरन पर नहीं रुकता है, तो टेनीसन और ब्राउनिंग पर आकर अवश्य रुक जाता है। किन्तु नई कविताओं से भी श्री अरविन्द का परिचय था। कीट्स को श्री अरविन्द महाकवि समझते थे। जब नई कविताओं के नमूने श्री अरविन्द के सामने लाये गए, तो उनकी प्रतिक्रिया हुई कि आलोचक सबसे अधिक जोर टेक्निक पर दे रहे हैं, किन्तु वे भूल जाते हैं कि टेक्निक के कमजोर रहने पर भी महान आत्मा महान काव्य का निर्माण कर सकती है। श्री अरविन्द ने कबीरदास और मीराबाई के नाम नहीं लिये हैं। किन्तु हम यहाँ इन संतों की कविताओं को उदाहरण के रूप में पेश कर सकते हैं। कबीर और मीरा, दोनों की कविताओं में भाषा के किनारे बहुधा टूटे हुए मिलते हैं; किन्तु भाषा के अनगढ़ होने पर भी उनकी कविताओं के भीतर जो आकाश दिखाई देता है, जो गहराई नजर आती है, वह केवल भारत के लिए ही नहीं, समस्त विश्व-साहित्य के लिए अनूठी चीज है।

एक जगह श्री अरविन्द ने शेक्सपियर और दांते की तुलना की है और कहा है कि शेक्सपियर प्रबल कवि है, किन्तु दांते बड़ा ही उच्च कवि था। दांते ने जिस ऊँचाई का स्पर्श किया था, शेक्सपियर को उस ऊँचाई का अनुमान भी नहीं था।

इसी प्रकार श्री अरविन्द ने ब्लेक की तुलना शेक्सपियर से ही की है और कहा है कि शेक्सपियर ब्लेक से नीचे पड़ता है, क्योंकि ब्लेक रहस्यवादी था और रहस्यवादी चेतना शेक्सपियर में थी ही नहीं।

श्री अरविन्द कविता में यांत्रिकता (कौशल, तकनीक, कलाबाजी) को अधिक महत्त्व नहीं देते थे। उनकी मान्यता थी कि कविता के मेकैनिकल कार्य का जिम्मा अवचेतन भी ले सकता है, किन्तु प्रेरणा की आँधी में कविता की रचना आत्मा ही करती है और वह मेकैनिज्म का खयाल न भी रख सकती है।

श्री अरविन्द कविता की कसौटी यह मानते थे कि वह वर्ण्य वस्तु की आत्मा का उद्घाटन कर सकी है या नहीं। वस्तु के वर्णन में जो आनन्द है, उससे बड़ा आनन्द वह है, जो वस्तु की आत्मा के उद्घाटन से उद्भूत होता है। आत्मा की अनुभूति का चित्रण ही असली काव्य है। हृदय और विचार चाहे जितना भी प्रयास करें, उनके भीतर से देखने का काम बराबर आत्मा करती है। इसीलिए अपील जहाँ हमारी निम्न प्रवृत्तियों से होती है, केवल मन या बुद्धि से होती है, वहाँ हम असली कविता की भूमि से बाहर निकल जाते हैं।

इतना कुछ होने पर भी कविता साधना का स्थान नहीं ले सकती। हाँ, वह साधना में सहायक हो सकती है। इसीलिए कविता प्रसिद्धि के लिए नहीं लिखी जानी चाहिए। वह स्वान्तःसुखाय भी नहीं लिखी जानी चाहिए। उसकी सार्थकता तब है, जब वह भागवत सम्पर्क के लिए लिखी जाए।

प्रत्येक कलाकार के भीतर एक पब्लिक मैन होता है, जो कीर्ति चाहता है, वाहवाही चाहता है, अपने अहं की तृप्ति चाहता है। किन्तु योगी को यह सब-कुछ नहीं चाहिए। वह भगवान का सेवक होता है और भागवत सेवा ही उसका धर्म है। जो कवि साधना की राह पर है, उसे महान लेखक बनने की इच्छा भी छोड़ देनी चाहिए। वह प्रेरणा आने पर ही लिखे और केवल भगवान की सेवा के लिए लिखे, उनके साथ सम्पर्क बढ़ाने के लिए लिखे।

श्रृंगार की कविता और जाज संगीत, ये खिलौने हैं। इससे ऊपर उठना संकीर्णता नहीं, साधक का विकास है।

साधारणतः उपन्यास पढ़ना साधकों के लिए अच्छा नहीं है। किन्तु कोई-कोई उपन्यास अपवाद भी हो सकता है।

योगी आध्यात्मिक द्रष्टा होता है, कवि को हम मानसिक द्रष्टा कह सकते हैं। कवि मन के धरातल पर है, अतएव योगी से वह हीन है। कवि जब योगी हो जाएगा, तब वह भी मन के धरातल से उठकर अध्यात्म के धरातल पर चला जाएगा।

अपनी उच्चतम अवस्था में कवि जिस सौन्दर्य और आनन्द का रस लेता है, ऋषि और योगी बराबर उससे कहीं गम्भीर रस में डूबे रहते हैं।

गेटे शेक्सपियर से कहीं गम्भीर कवि है, कहीं ऊँचा कवि है, किन्तु शेक्सपियर के समान वह शक्तिशाली नहीं है। शेक्सपियर केवल कवि था और कुछ वह था ही नहीं। किन्तु गेटे में कई चीजें एक साथ थीं। कवि तो वह इसलिए बना कि कवि बनना उसे पसन्द था।

धार्मिक कवि और रहस्यवादी कवि में भेद है। धार्मिक उत्साह मन की चीज है, वाइटल की शक्ति है, उसका रहस्यवादी चेतना से कोई सम्बन्ध नहीं है। जो मन से परे नहीं गया, वह अभी रहस्यवादी नहीं हुआ है।

शेक्सपियर, शेली और वड्र्सवर्थ आध्यात्मिक अनुभूति के कवि नहीं थे। किन्तु समाधि के क्षणों में कभी-कभी आध्यात्मिक सत्य उनके भीतर कौंध जाता था। लेकिन इनकी टेक्निक निर्दोष थी। इसके विपरीत, एक-दूसरे प्रकार के कवि हैं जो शुद्ध आध्यात्मिक अनुभूति के कवि हैं, लेकिन भाषा उनकी असमर्थ है, अभिव्यक्ति की टेक्निक उनके पास नहीं है। ये लोग जो कहते हैं, उससे खुद तो बहुत अधिक अर्थ निकाल लेते हैं, लेकिन दूसरों को उससे उतना अर्थ नहीं मिलता।

कवि को भावना के आधिक्य की आवश्यकता नहीं होती, उसे तो भावना की आत्मा की आवश्यकता होती है।

सभी कलाओं का जन्म ऐन्द्रियता से होता है, 'सेंसुअसनेस' से होता है, वाइटल से होता है। इसीलिए कलाएँ जब अदृश्य को छूने लगती हैं, तब भी उनका मूल मिट्टी में ही गड़ा होता है।

वर्णन और नाटकीयता कविता के स्वभाव का अंग है। कविता आध्यात्मिक हो जाने पर भी वर्णन और नाटकीयता को नहीं छोड़ेगी।

नई कविता के प्रसंग में भी श्री अरविन्द ने कई बातें कहीं हैं, जो ध्यान में रखने के योग्य हैं। सबसे बड़ा सूत्र उन्होंने यह कहा है कि प्राचीन आचार्यों

के साथ हम जो भी सम्बन्ध रखना चाहें, वह ठीक है। परन्तु उन्हें हमें दुहराना नहीं चाहिए, उनसे आगे जाना चाहिए।

'सुर्रियलिज्म' की बात चलने पर श्री अरविन्द ने कहा था, मेरा अनुमान है कि वह स्वप्न-चेतना की कविता है, किन्तु उसकी चौहद्दी क्या है, यह मैं नहीं जानता। अब लोग कहने लगे हैं कि सुर्रियलिज्म का आरम्भ बादलेयर, रेम्बू और मेलार्मे में हुआ था। लेकिन पहले बादलेयर के बारे में यह बात नहीं कही जाती थी और मेलार्मे तो सर्वसम्मति से प्रभाववादी कवि माने जाते थे। यूरोप के नये कवि और चित्रकार अपनी सतही चेतना से भाग रहे हैं, वे चेतना की गहराई में प्रवेश करना चाहते हैं। होना यह चाहिए कि कवि अपनी चेतना के कूपतल में पहुँच जाएँ, वस्तुओं के भीतर जो आत्मा छिपी है, उससे एकाकार हो जाएँ और वह बाहरी बातों का भी वर्णन भीतरी अनुभूति के प्रकाश में करें। लेकिन यह हो नहीं रहा है। कवि मन के एक्स-रे से ही भीतर की चीजों को देख रहे हैं। परिणाम यह है कि वे वस्तुओं के सार का वर्णन नहीं कर पाते, मन के ही सहारे उस सार का छाया-चित्र उतारते हैं। लेकिन यह जरूर है कि कवि मन के सतही अंश से भाग रहे हैं और उनका ध्यान चेतना की गहराई की ओर है।

लेकिन इस रास्ते में खतरे भी कम नहीं हैं। अगर सारा जोर टेक्निक पर ही पड़ता गया, कौशल पर पड़ता गया, उस पर पड़ता गया जो नितान्त अनिवार्य नहीं है अथवा यदि कवि विकृतियों को उछालने में, विप्रतीय को सँवारने में रस लेने लगे, तो कविता पतन के गर्त में भी गिर सकती है। लेकिन सब मिलाकर मुझे यही दिखाई देता है कि कविता की प्रगति का द्वार वही है, जिसे खोलने का प्रयास नये कवि कर रहे हैं। कविता अगर आगे बढ़ना चाहती है, तो यह जोखिम उसे उठानी पड़ेगी।

किसी ने श्री अरविन्द से कहा कि नई कविता केवल अपने रचयिता की समझ में आती है और पढ़ते उसे केवल कवि के मित्र हैं। ये मित्र दावा करते हैं कि कविता उनकी समझ में आ जाती है, किन्तु हमें सन्देह है कि कविता इन मित्रों की भी समझ में आती है या नहीं।

श्री अरविन्द ने कहा कि इसका कारण यह है कि नये कवि के भावबिम्ब और प्रतीक बुद्धि की रेखा का अनुगमन नहीं करते, बौद्धिक तर्क की राह

से नहीं आते, न वे संबुद्धि (इनटुइशन) के सम्बन्धों को मानकर चलते हैं। वे मन के किसी धुँधलके से, किसी अँधेरी गहराई से निकलते हैं। ये प्रतीक और बिम्ब प्रायः परस्पर सम्बद्ध भी होते हैं, किन्तु यह सम्बद्धता सतही बुद्धि के दर्पण में नहीं देखी जा सकती। ये कविताएँ समझने की नहीं, 'फील' करने की चीज हैं। और यह प्रवृत्ति अपनी अति पर सुर्रियलिज्म में पहुँची है। यह भी है कि इन कविताओं में जो बिम्ब होते हैं, जो कल्पना होती है, जो प्रतीक होते हैं, वे इतनी गहराई से आते हैं कि उन्हें भाषा में अभिव्यक्त करना कठिन हो जाता है। स्वप्न-चेतना का लोक अत्यन्त विशाल है। उसमें अगणित देश हैं, अगणित प्रदेश हैं।

नई कविता में श्री अरविन्द को दो ही दोष दिखाई देते थे। एक तो प्रेरणापूर्ण वाक्यांशों और अटल शब्दों का अभाव और दूसरा, लय का अभाव। श्री अरविन्द मानते थे कि कविता इन्हीं दो गुणों के कारण चिरायु होती है।

नई कविता की एक विशेष प्रवृत्ति श्री अरविन्द यह मानते थे कि उसमें भावना के तूफान को दबाकर रखा जाता है, अधिक रंग बिखेरने को बुरा समझा जाता है, वाक्पटुता (ढेटोरिक) से परहेज किया जाता है और भावुकता का बहिष्कार किया जाता है।

शब्दों की कारीगरी सीख लेने से अथवा अभ्यास करने से कोई भी व्यक्ति कवि बन सकता है, श्री अरविन्द इसे बिलकुल नहीं मानते थे। उनका स्पष्ट मत था कि प्रेरणा का स्पर्श पाए बिना सत्कविता की रचना बिलकुल असम्भव बात है।

श्री अरविन्द इस बात से खुश नहीं थे कि भावोद्वेग और विचार को कविता में अब महापाप समझा जाने लगा है। कविता के रूप में चाहे जितने भी परिवर्तन किए जाएँ, किन्तु अच्छी कविता तब भी अच्छी रहेगी, जब वह नई शैली के अन्दर नहीं आती हो। कविता की शैली चाहे जो भी हो, किन्तु प्रेरणा के उत्स पर पहुँचे बिना कोई अच्छी कविता लिखी नहीं जा सकती। श्री अरविन्द ने कहा है, 'केवल ब्रेन-माइंड से मत लिखो। भावना और विजन की आत्मा के भीतर पहुँचकर लिखना ही कविता लिखने का सही ढंग है।'

कविता केवल जैव शक्ति (वाइटल) के कारण शक्तिशालिनी होती है। अगर वाइटल की शक्ति उसके पीछे नहीं रहे, तो न तो वह बलशालिनी हो सकती है, न महान हो सकती है। आध्यात्मिक कविता में भी अभिव्यंजना की शक्ति वाइटल से ही आती है।

शुद्ध कविता के बारे में श्री अरविन्द का विचार था कि उसका अस्तित्व संसार में शायद ही कहीं खोजा जा सके। और जहाँ भी वह मिलेगी, उसके भीतर बौद्धिक अर्थ का एक होमियोपैथिक डोज जरूर मौजूद मिलेगा।

किसी कवि के पाठक कम हैं, यह उसके दीर्घायु होने का प्रमाण नहीं है। इसी प्रकार जिस कवि के पाठक बहुत हैं, वह भी दीर्घायु होने का दावा नहीं कर सकता। जो आज प्रसिद्ध है, वह कल जनता की दृष्टि में गिर सकता है। हाँ, वह जनता की दृष्टि से गिरकर भी उसकी आँखों से ओझल नहीं होगा। लेकिन जो आज अप्रसिद्ध है, वह कल जाकर प्रसिद्धि प्राप्त कर सकता है।

कभी-कभी ऐसा भी होता है कि कवि अपने युग में भी प्रसिद्ध तो होता है, लेकिन उसकी कविताएँ लोग चाव से नहीं पढ़ते हैं। फ्रांसीसी कवि मेलार्मे के साथ यही बात हुई। उसका नाम तो था, लेकिन उसके समय में उसकी कविताएँ लोग नहीं पढ़ते थे। लेकिन उसकी कविताएँ नहीं पढ़ने पर भी उसका युग मेलार्मे के नाम मात्र से शान्ति-भंग का अनुभव करता था। मेलार्मे ने शान्ति-भंग की जो मुद्रा अपने समय में उत्पन्न कर दी, उसी मुद्रा से संसार में नई कविता का जन्म हुआ। अब मेलार्मे और रेम्बू के नामों के उदाहरण अधिक दिये जाते हैं। किन्तु उनकी कविताओं को चाव से पढ़नेवाले पाठकों का अब भी अभाव है।

मेरी अपनी टिप्पणी यह है कि शेक्सपियर के पाठक हमेशा ज्यादा रहे हैं, मेलार्मे के पाठक हमेशा कम रहेंगे। अतएव एक अर्थ में दीर्घायु दोनों हैं। लेकिन शेक्सपियर की तुलना में मेलार्मे है क्या चीज?

हाँ, यह बात है कि डोन और ब्लेक को पहले कोई नहीं पूछता था, लेकिन आज उनकी गिनती महाकवियों में होने लगी है। हम लोगों का विचार है कि जो भारतीय कवि अपनी कविताएँ अपनी भाषाओं में न लिखकर अंग्रेजी में लिखते हैं, उनका सारा प्रयास व्यर्थ है। भारत के लोग इन

कविताओं का आनन्द नहीं ले सकते और अंग्रेज उन्हें शायद कविताएँ ही नहीं मानते हैं। अंग्रेजी के प्रामाणिक आलोचना-ग्रन्थों में इन कवियों का उल्लेख भी नहीं किया जाता है और इंग्लैंड से आज तक भी कोई ऐसा प्रामाणिक काव्य-संग्रह नहीं निकला, जिसमें आरू, तोरू, हरीन्द्र, सरोजिनी या श्री अरविन्द की किसी कविता को स्थान मिला हो।

किन्तु श्री अरविन्द इतने निराशावादी नहीं थे, यद्यपि वे भी यह मानते थे कि अंग्रेजी में सफलता उसी को मिलेगी, जिसने उस भाषा को मातृभाषा के समान सीखा हो। रवीन्द्रनाथ की 'गीतांजलि' को वे अन-इंग्लिश मानते थे, किन्तु उनका विचार था कि अन-इंग्लिश होने पर भी 'गीतांजलि' बाधाओं को पार कर गई है। तोरूदत्त के बारे में उनका विचार यह था कि पद्य वे बढ़िया रचती थीं और उनके भीतर प्रतिभा की चिंगारी भी थी। रोमेशदत्त को वे द्वितीय या तृतीय श्रेणी का कवि समझते थे और कहते थे कि रोमेश अगर अंग्रेज हुए होते, तो उन्हें उतनी सफलता भी नहीं मिलती, जितनी भारतीय होने के कारण मिली है। लेकिन सरोजिनी नायडू के बारे में उनके बहुत ऊँचे विचार थे। उनका कहना था कि अंग्रेजी भाषा में जिन भारतीय कवियों ने कविताएँ लिखी हैं, उनमें से किसी भी कवि की कविता उतनी जीवन्त, शक्तिशालिनी और मौलिक नहीं उतरी, जितनी सरोजिनी नायडू की उतरी है। उन्होंने स्पष्ट लिखा है कि सरोजिनी अमरों की पंक्ति में बैठने योग्य है।

संस्कृत की तो श्री अरविन्द ने सर्वत्र प्रशंसा लिखी है, किन्तु अन्य भारतीय भाषाओं की क्षमता को वे सीमित समझते थे। बंगला के बारे में तो उन्होंने स्पष्ट लिखा है कि 'बंगला भाषा अभी प्रौढ़ नहीं हुई है। वह अपनी जवानी से गुजर रही है। वह विकास की प्रक्रिया के बीच है। उसने कितने ही गुण, कितने ही मूल्य और कितनी ही शक्तियाँ अभी अर्जित नहीं की हैं।'

आश्रमवासी कवि अधिकतर योग की कविताएँ लिखते थे और यह देखकर निराश हो जाते थे कि अंग्रेज आलोचक उन कविताओं पर कोई ध्यान नहीं देते हैं। शायद उन्हीं के आश्वासन के लिए श्री अरविन्द ने कहा था कि पश्चिम के लोग भारत के योग और दर्शन की ओर तो उन्मुख हो रहे

हैं, किन्तु योग की कविताओं की ओर उनका ध्यान नहीं गया है। अन्तरराष्ट्रीय मानस के अधिक विस्तृत, अधिक उदार होने के बाद इन कविताओं की ओर भी उनका ध्यान जाएगा।

यूरोप के प्रसंग में उन्होंने एक शिष्य को यह भी लिखा था कि भाषा का ह्रास तब होता है, जब उस भाषा को बोलनेवाली जाति का ह्रास होता है, जब जीवन और आत्मा निकल जाते हैं तथा शुष्क बुद्धि और थकी इन्द्रियाँ शेष रह जाती हैं।

यूरोप पर इसी ह्रास की छाया मँडरा रही है और उसका साहित्य इस रोग से आक्रान्त हो गया है। किन्तु अंग्रेजी भाषा के धनुष में अभी कई रोदाएँ शेष हैं और यह भाषा वृद्ध और घिसे हुए इंग्लैंड तक ही सीमित भी नहीं है।

इन उक्तियों से हम क्या समझें? शायद यह कि सावित्री की रचना श्री अरविन्द ने अंग्रेजी में इसलिए की कि अंग्रेजी भाषा श्री अरविन्द के लिए स्वाभाविक बन गई थी, वह उनकी मातृभाषा के समान थी और उसमें उनकी अनुभूति और कल्पना को सँभालने की पूरी क्षमता मौजूद थी? या शायद यह बात भी कि एक दिन अंग्रेज सावित्री काव्य के कारण अपनी भाषा पर उससे भी अधिक अभिमान करेंगे, जितना अभिमान वे अभी शेक्सपियर के कारण करते हैं। मगर वह समय कभी आएगा क्या?

श्री अरविन्द की सान्ध्यवार्ताओं पर जो कई पुस्तकें निकली हैं, उनमें दो-एक जगह इस बात की भी चर्चा है कि महाकाव्य के विषय में श्री अरविन्द के क्या विचार थे। पिछले सौ वर्षों से संसार में कविता का आत्मनिष्ठता की ओर झुकाव बढ़ता जा रहा है। इसे दृष्टिगत रखते हुए एक शिष्य ने कहा, 'लगता है, भविष्य में महाकाव्य भी अधिक-से-अधिक आत्मनिष्ठ (सब्जेक्टिव) होते जाएँगे।'

श्री अरविन्द ने कहा, 'हाँ, दिखाई यही देता है। हमेशा से कवियों का विचार यही रहा है कि महाकाव्य में कोई कथा भी होनी चाहिए। लेकिन अब भासित होता है, कथाओं का कोश समाप्त हो गया। इसके अतिरिक्त नये युग की माँग भी आत्मनिष्ठता की ही है और महाकाव्य को भी इस माँग का जवाब देना होगा।'

इस पर एक शिष्य ने कहा, 'यह दुःख की बात है कि टैगोर ने कोई महाकाव्य नहीं लिखा।'

श्री अरविन्द बोले, 'टैगोर? उनके पास महाकाव्य रचनेवाला मानस नहीं है। किन्तु कुछ वर्णनात्मक कविताएँ उन्होंने बहुत अच्छी लिखी हैं।'

एक दिन श्री पुराणी जी ने कहा, 'यह दुःख की बात है कि भारत की किसी भी नई भाषा में कोई ऐसी कृति नहीं है, जिसे शुद्ध और सफल महाकाव्य कहा जा सके।'

श्री अरविन्द ने कहा, 'तुम ऐसा क्यों कहते हो? मधुसूदन (माइकेल मधुसूदनदत्त) ने सफल महाकाव्य लिखा है। उस काव्य का प्रवाह बहुत बढ़िया है। उसकी शैली भी सुन्दर है और उसमें लोच भी है, किन्तु भीतर का द्रव्य उसका कमजोर है। बंगालियों का दिमाग महाकाव्य लिखने वाला दिमाग नहीं है, इसलिए आश्चर्य होता है कि मधुसूदन ने बंगला में महाकाव्य कैसे लिखा। बंगला में जो 'रामायण' और 'महाभारत' हैं, वे भी अच्छे नहीं हैं। मेरा खयाल है, मधुसूदन ने होमर और वर्जिल को खूब पढ़ा था। प्रेरणा मधुसूदन को उन्हीं कवियों से मिली होगी।'

इस सम्बन्ध में श्री अरविन्द ने दो-एक बातें और बताईं। उन्होंने कहा कि महाकाव्य लिखनेवाला मस्तिष्क बहुत ही ऊँचा, विस्तृत और शक्तिशाली होता है। लेकिन बंगाल का मन नाजुक और नर्म है। यही कारण हुआ कि फ्रेंच में भी कोई महाकाव्य नहीं लिखा जा सका। फ्रेंच भाषा बहुत ही व्यवस्थित, कोमल और प्रांजल है।

नलिनीकान्त गुप्त ने कहा, 'इकबाल की कविताएँ आपने देखी हैं? कई लोग उन्हें टैगोर से बड़ा कवि मानते हैं।'

श्री अरविन्द ने कहा, 'उनकी उर्दू या फारसी की कविताएँ तो मैंने नहीं देखी हैं, लेकिन उनका कुछ थोड़ा अनुवाद मैंने देखा है। मेरा विचार है कि टैगोर की कविताओं के भीतर जो गरिमा और मौलिकता है, वह इकबाल की कविताओं में नहीं है।'

महाकाव्य के बारे में श्री अरविन्द ने एक सान्ध्य-वार्ता में यह भी कहा था कि 'महाकाव्य लिखनेवाला कवि शताब्दियों में कभी एक बार आता है। किन्तु उनकी संख्या कितनी थोड़ी रही है? और विषय की बात सोचो तो

नेपोलियन का जीवन क्या महाकाव्य का विषय नहीं था? फिर भी महाकाव्य उस पर नहीं लिखा गया। इस दृष्टि से संस्कृत भाषा अतुलनीय है। उसने कितने महाकवि उत्पन्न किए? असल में संस्कृत भाषा ही महाकाव्य है। वाल्मीकि और व्यास का तो कहना ही क्या है, कालिदास, भारवि आदि कवियों ने भी महाकाव्य की ऊँचाई प्राप्त कर ली है।'

अंग्रेजी में लिखनेवाले भारतीय कवियों की बात चलने पर श्री अरविन्द ने एक दिन कहा कि ये लोग कभी-कभी लिखते तो सफलता के साथ हैं, किन्तु उनकी रचनाओं को देखकर यह भासित नहीं होता कि उनकी कविताओं के भीतर से जीवित मनुष्य बोल रहा है। लगता है, अंग्रेजी साहित्य को पढ़कर वे अंग्रेजी की कविताएँ बुन डालते हैं। सरोजिनी नायडू इनमें सबसे अच्छी हैं। उनकी अभिव्यक्तियाँ भी स्वच्छ हैं, किन्तु उनका क्षितिज बड़ा नहीं है।

नई कविता की बात चलने पर उन्होंने कहा कि जिस पाठक का सूत्र विक्टोरिया-युग में ही छूट गया, वह इन कविताओं को समझ नहीं सकता। 'सुना है, इंग्लैंड में इन दिनों कविताएँ नहीं पढ़ी जाती हैं। इसमें आश्चर्य की कोई बात नहीं है। मेरा खयाल है, इसकी जवाबदेही नये कवियों पर थोपी जानी चाहिए।'

पुराणी जी ने कहा, 'थामसन ने मुझे इलियट पढ़ने को कहा था। मैंने उसे पढ़ा भी, लेकिन कोई चीज मुझे मिली नहीं, एजरा पौंड में भी नहीं। तब मैंने अमल से पूछा कि उसकी राय क्या है।''

श्री अरविन्द ने पूछा, 'अमल ने क्या कहा?'

पुराणी जी ने कहा, 'अमल कहता है कि नाम तो उनका पौंड है, लेकिन कीमत उनकी मैं पैनी-भर भी नहीं मानता।'

श्री अरविन्द ने कहा, 'इलियट आधुनिक कविता के प्रवर्तक हैं, गरचे मैंने उन्हें ध्यान से पढ़ा नहीं है। किन्तु तुम जानते हो कि आधुनिक कवि की परिभाषा क्या है? आधुनिक कवि वह है, जिसकी कविता वह खुद समझता है या उसके मित्र समझते हैं।'

अतिमानव का मानवीय रूप

जनसाधारण में से जो लोग श्री अरविन्द की ओर उन्मुख हुए हैं, उनका भाव यह है कि श्री अरविन्द पहुँचे हुए संत थे, उनकी प्रार्थना और भक्ति करने से हमारा कल्याण होगा। और यह भाव ऊँचे-ऊँचे शिक्षितों के भीतर भी मुझे दिखाई पड़ा है। इस देश में जिन्दगी से ऊबा हुआ आदमी, भाग्य के धक्के और ठोकरें खाया हुआ आदमी अक्सर संतों की ओर भागता है, जिनमें से एक संत श्री विनोबा जी भी हैं। किन्तु जो ऊँचे दरजे के पंडित और विद्वान हैं, दार्शनिक और चिन्तक हैं, वे श्री अरविन्द से कुछ भयभीत भी दिखाई देते हैं। क्यों? इसलिए कि श्री अरविन्द स्फटिक के समान उज्ज्वल तो हैं, किन्तु वैसे ही कठोर भी हैं। उन्हें समझने में दिमाग पर बहुत जोर पड़ता है। उनकी गहराई अथाह है। हम नाव लेकर निकलते तो जरूर हैं, मगर हमारी लग्गी तल तक नहीं पहुँच पाती।

लगभग 24 वर्षों तक श्री अरविन्द बिलकुल एकान्त में रहे थे। वे जिस कमरे में रहते थे, उस कमरे के साथ एक बरामदा भी है। आरम्भ के बारह वर्षों

में वे कमरे से निकलकर बरामदे में भी आते थे, किन्तु बाद के बारह वर्ष उन्होंने कमरे में ही गुजार दिये। तब भी कभी-कभी ऐसा होता था कि उनके दो-चार शिष्यों को उन्हें घेरकर बैठने का, उनके साथ वार्तालाप करने का सुयोग मिल जाता था। जब सन् 1938 के नवम्बर महीने में, ठीक दर्शन के दिन, श्री अरविन्द दुर्घटनाग्रस्त हो गए और उनके पाँव में चोट आ गई, तब से शिष्यों को उनके पास बैठने के मौके ज्यादा मिलने लगे। उन दिनों श्री अरविन्द के साथ शिष्यों की जो बातचीत होती थी, उसका रिकॉर्ड श्री अम्बालाल पुराणी और श्री नीरोदवरण रखते जाते थे। उसी रिकॉर्ड के आधार पर पुराणी जी ने 'सान्ध्य-वार्ता' नाम की पुस्तक तीन जिल्दों में प्रकाशित करवाई और एक पुस्तक नीरोदवरण ने भी निकाली है। अतिमानस की साधना में निमग्न रहने के कारण इन पुस्तकों में भी श्री अरविन्द का जो रूप खुलता है, वह अतिमानस का ही रूप है। किन्तु उनकी गोष्ठियों में जब-तब उन विषयों की भी चर्चा छिड़ जाती थी, जो हम लोगों की बातचीत के विषय होते हैं और उन पर श्री अरविन्द की प्रतिक्रिया भी कई बार अतिमानवीय न होकर मानवीय होती थी।

संतों के बारे में जनसाधारण की सामान्य जिज्ञासा यह होती है कि काम यानी सेक्स पर उनके विचार क्या हैं। यह प्रश्न श्री अरविन्द के सामने अनेक बार आया था, पर हर बार उनके उत्तर का सार यही रहा कि मेरे योग में काम-भोग के लिए स्थान नहीं है। किन्तु विभिन्न प्रसंगों में उत्तर देते हुए जोर उन्होंने समस्या के विभिन्न पक्षों पर दिया था।

एक बार किसी साधक ने उनसे पूछा था, 'परस्त्री-गमन के बारे में आपका क्या विचार है?'

श्री अरविन्द ने कहा, 'क्यों, यह तो स्पष्ट है कि वह अपनी पत्नी के साथ गमन करने से भी ज्यादा खराब है।'

किन्तु एक साधक ने जब श्री अरविन्द को लिखा कि 'नारी का आकर्षण मुझसे रोके नहीं बनता', श्री अरविन्द के मुँह से निकला, 'उसके लिए यह समझाना भूल है कि नारी का आकर्षण कोई अप्राकृतिक चीज है। वह तो बिलकुल स्वाभाविक है। मानसिक विकृति के कारण ही वह इस आकर्षण से घबरा रहा है। इतने पर भी वह चाहता है कि उस पर अवरोहण हो। अगर अवरोहण हुआ, तब तो वह टूट जाएगा।'

एक दिन एक साधक ने पूछा, 'इस योग में नर और नारी के बीच क्या सम्बन्ध है?'

श्री अरविन्द ने कहा, 'यह योग वैराग्य का योग नहीं है, इसमें जीवन या संसार का त्याग बाहर से करने का कोई महत्त्व नहीं है। लेकिन इसका मतलब यह भी नहीं है कि निम्न शक्तियों को निम्न धरातल पर ही खेलने की छूट दे दी जाए। यह योग नीचे के धरातल से ऊपर दिव्य भाव तक उठने का योग है। काम और क्रोध की जो प्राणिक क्रीड़ा है, वह असल में मनुष्य के भीतर छिपे पशु का खेल है। भीतर जो पशु मानव छिपा है, उसे जीते बिना तुम दिव्य प्रकृति तक जा कैसे सकते हो?'

इस प्रसंग में श्री अरविन्द ने और भी कितनी ही सूक्ष्म बातें कहीं और तब वे बोले, 'इस योग में नर और नारी के बीच जो आदर्श सम्बन्ध है, उसे तुम अभी नहीं समझ सकोगे। तुम्हें उसे समझने को उसके योग्य बनना होगा। जिसे सामान्यतः लोग प्रेम कहते हैं, वह बिलकुल सतही भावना है और वह प्राणिक उद्वेग से सम्बद्ध है। प्रेम का असली रस शान्त रस है, वह उद्वेगविहीन होता है।'

एक साधक को श्री अरविन्द ने यह भी उपदेश दिया था कि 'अपनी पत्नी के साथ तुम्हें उसी भाव से रहना चाहिए, जिस भाव से तुम उस मित्र के साथ रहते हो, जिसका जीवनोद्‍देश्य वही है, जो तुम्हारा जीवनोद्‍देश्य है। मैत्री के सिवा और कोई सम्बन्ध पत्नी के साथ भी उचित नहीं है। और कहीं तुमसे रहा नहीं जाए, तो तुम्हें अलग रहना चाहिए और प्रकृति पर विजय प्राप्त करने की कोशिश करनी चाहिए।'

एक साधिका ने श्री अरविन्द को लिखा कि 'मेरा पति काम-भोग छोड़ने को तैयार नहीं है। वह शास्त्रों का उद्धरण देकर कहता है कि पति-पत्नी के बीच यह कर्म अधर्म नहीं माना जा सकता। अगर कामोपभोग वर्जित मान लिया जाए, तो फिर पति-पत्नी के बीच सम्बन्ध ही क्या रह जाता है?'

श्री अरविन्द ने कहा, 'उसे लिख दो कि नर और नारी के बीच जो सच्चा सम्बन्ध है, उसे वे दोनों अभी नहीं समझ सकेंगे। इस रहस्य को समझने के लिए उन्हें साधना के मार्ग पर अभी बहुत आगे बढ़ना होगा। केवल बुद्धि से इस रहस्य को समझने की कोशिश बेकार है।'

एक साधिका ने लिखा कि 'जब से मैंने योग का आरम्भ किया है, मेरा पति मुझसे रुष्ट रहने लगा है। जब मैं इनकार करती हूँ, वह इसे अपना अपमान समझता है।'

श्री अरविन्द ने कहा, 'इस साधिका को चाहिए कि अपने पति के साथ के सम्बन्ध को वह न स्वीकार करे, न अस्वीकार करे। वह अपने योग के संकल्प पर दृढ़ रहे, बाकी जो घटनाएँ घटती हैं, उन्हें घटित होने दे। नर-नारी के बीच जो वास्तविक सम्बन्ध है, वह आप-से-आप प्रकट हो जाएगा।'

एक दिन गोष्ठी में पोशाक की बात निकल पड़ी। किसी शिष्य ने कहा, 'निष्ठा कहती है कि साड़ी बड़ी ही खूबसूरत पोशाक है। और भारतीय नारियों की रंग-चेतना कितनी तीव्र है!'

श्री अरविन्द ने कहा, 'वह ठीक कहती है। मुझे आशा है कि हमारी देवियाँ पश्चिम के प्रभाव में आकर साड़ी का त्याग नहीं करेंगी।'

किसी ने टोका, 'साड़ी बड़ी खूबसूरत पोशाक है, यह तो ठीक है, मगर काम करते समय वह असुविधाजनक हो जाती है।'

श्री अरविन्द बोले, 'क्यों? रोमवालों ने तो टोगा पहनकर विश्व पर विजय प्राप्त की थी। और हमारी भारतीय देवियाँ भी तो साड़ी पहनकर कम काम नहीं करती हैं। आदमी जब उपयोगिता के चक्कर में पड़ता है, तभी सारी सुन्दरता नष्ट हो जाती है। उपयोगिता को सर्वप्रमुख मानना आधुनिक प्रवृत्ति है। आधुनिकतावादी लोग हर चीज को उपयोगिता की नजर से देखते हैं, मानो खूबसूरती कोई चीज ही नहीं हो?'

एक शिष्य ने कहा, 'मगर सौन्दर्य और उपयोगिता को मिलाकर भी तो चल सकते हैं?'

श्री अरविन्द बोले, 'लेकिन मिलाकर चलने पर भी जीत आजकल उपयोगिता की ही होगी।'

नलिनीकान्त ने कहा, 'सो चाहे जो हो, मगर यूरोपीय मर्दों की पोशाक चुस्त होती है, उससे काम करने में सहूलियत और फुर्ती मिलती है। लेकिन हिन्दुस्तानी धोती केवल आलस्य और आरामतलबी को बढ़ावा देती है।'

श्री अरविन्द ने कहा, 'लेकिन यह उपयोगिता क्या यूरोपीय पोशाक को दुनिया में सबसे बदसूरत पोशाक होने से बचा सकी है? मैंने बहुत से लोगों

को देखा है, जो धोती पहनते हैं, लेकिन बड़े ही कर्मठ और फुर्तीवाले हैं। यूरोप के लोग अब तो फकत जाँघिया और अधबाँही कमीज पहनने लगे हैं। मेरा खयाल है, यह सबसे उपयोगी पोशाक है।'

पुराणी जी ने कहा, 'अब तो हिन्दुस्तानी औरतें भी यूरोपीय लिबास पहनने लगी हैं।'

श्री अरविन्द ने कहा, 'भारत की देवियाँ यूरोप की पोशाक पहनें, यह तो भयानक बात है।'

एक दिन किसी ने कहा, 'इस देश में साधुओं से विभूति माँगने का रिवाज है। लोग हमारे यहाँ भी विभूति (भस्म) के लिए आते हैं।'

श्री अरविन्द बोले, 'मगर मैंने तो सिगरेट पीना छोड़ दिया। सिगरेट पीता रहता, तो थोड़ी-सी राख दे सकता था।'

एक दिन बात होमियोपैथी पर निकल पड़ी। श्री अरविन्द ने कहा, 'होमियोपैथी योग के अधिक समीप है। एलोपैथी में यांत्रिकता अधिक है। वह मनुष्य के पूरे व्यक्तित्व को नहीं देखती, स्थूल रूप से रोग का निदान करती है। किन्तु होमियोपैथी मनुष्य के पूरे व्यक्तित्व पर विचार करती है। इसीलिए उसका प्रभाव सूक्ष्म और तीव्रगामी होता है।'

एक बार पुराणी जी ने कहा, 'धन्वंतरि के विषय में यह कहा जाता है कि वे जिस पौधे के पास खड़े होते थे, वह पौधा उन्हें बता देता था कि वह किस रोग की औषधि है।'

श्री अरविन्द बोले, 'इसमें अस्वाभाविक कुछ भी नहीं है, क्योंकि आखिर वह देवताओं के वैद्य थे। आयुर्वेद औषधि-विज्ञान की सबसे पुरानी पद्धति है। यह विज्ञान भारत से पहले यूनान गया था और वहाँ से उसे अरबवालों ने लिया। ज्योतिष भी भारत से ही अरब गया था।'

नलिनीकान्त ने कहा, 'कलकत्ता में अब आयुर्वेद के स्कूल खुल रहे हैं। यह अच्छा होगा, क्योंकि इन स्कूलों में शरीर-शास्त्र और शल्प-चिकित्सा के क्षेत्र में पूरब और पश्चिम के बीच समन्वय हो सकेगा।'

यह सुनकर श्री अरविन्द बहुत प्रसन्न नहीं हुए। उन्होंने कहा, 'यह क्यों? शरीर-रचना और शल्य-चिकित्सा की बातें तो भारत को मालूम थीं। शल्य-चिकित्सा के भारत में बहुत-से औजार थे। इसके अतिरिक्त

आयुर्वेद-जैसी प्राचीन विद्या के लिए आधुनिक ढंग के कॉलेज और स्कूल अनुकूल नहीं दीखते। स्कूलों और कॉलेजों में जो कुछ सिखाया जाता है, वह मानसिक होता है, बौद्धिक होता है। लेकिन आयुर्वेद की प्राचीन पद्धति अन्तर्बोधात्मक थी, इनटुइटिव थी। इसीलिए उसके स्कूल नहीं थे। वह गुरु से शिष्य को प्राप्त होती थी। क्या योग का कोई स्कूल हो सकता है? वही बात तुम आयुर्वेद के विषय में भी समझो। योग के लिए भी स्कूल खोलना, इसे मैं अमरीकी पद्धति समझता हूँ।'

अमरीका के बारे में श्री अरविन्द ने किसी दिन यह भी कहा था कि 'गहरी चीजों की ओर अमरीकी लोग आसानी से नहीं जाते। मेरे बारे में अमरीका में एक लेख छपा था, जो बड़ा ही छिछला था। लेकिन निष्ठा (मिस विलसन) कहती है कि, मूल रूप से तो, वह लेख गम्भीर था, किन्तु गम्भीर लेख अमरीकी पाठक नहीं पढ़ेंगे, यह सोचकर लेखक ने उसे पीछे छिछला बना दिया। अमरीकी जनता नवीनता चाहती है, सनसनीखेज चीजें चाहती है।'

श्री अरविन्द ने उस दिन यह कहानी भी कही कि 'अमरीका से एक पत्र आया है, जिसमें पत्र लिखनेवाले ने लिखा है, आप योग हैं (योगी नहीं)। मैं भी योग हूँ। मैं गहरी समाधि में जा सकता हूँ और घुड़दौड़ तथा स्पोर्ट के बारे में भविष्यवाणियाँ कर सकता हूँ। आप अमरीका आइए और मेरे साथ बराबर के भागीदार बन जाइए। अगर रुपये लेना आपको मंजूर नहीं हो, तो उन्हें आप गरीबों में बाँट दीजिएगा।'

एक दिन यूनान की चर्चा चल निकली और किसी ने कहा कि पिछले 2000 वर्षों में यूरोपीय चिन्तन केवल प्लेटो के इर्द-गिर्द घूमता रहा है।

श्री अरविन्द ने कहा, 'तुम ठीक कहते हो। रोमन लोग लड़ सकते थे, कानून बना सकते थे, राज्यों को समेटकर एक साथ रख सकते थे, किन्तु सोचने का काम उन्होंने यूनानियों पर छोड़ दिया था। रोमन चिन्तक सिसरो, सेनेका, होरेस आदि ने जो दर्शन तैयार किया, वह सब-का-सब यूनान से लिया गया था।'

किसी शिष्य ने टिप्पणी की, 'और यूनान ने कलाकार कितने अधिक उत्पन्न किये और वे कितनी उच्च कोटि के थे!'

श्री अरविन्द ने कहा, 'यूनानियों में सौन्दर्य-बोध की भावना प्रबल थी। आधुनिक यूरोप ने अगर यूनान की किसी एक चीज को अपने भीतर जज्ब नहीं किया, तो वह यही सौन्दर्य-बोध की भावना है। तुम यह नहीं कह सकते कि यूरोपीय संस्कृति में सौन्दर्य भी है। यही बात भारत के विषय में भी कही जा सकती है। भारत में भी सौन्दर्य-बोध की भावना उच्च कोटि की थी, किन्तु हमने उसे खो दिया और अब यूरोपीय संस्कृति के प्रभाव में आकर हम उसे अधिकाधिक खोते जा रहे हैं। यूरोप का मानसिक ह्रास इतने से ही जाना जा सकता है कि वहाँ अब ऐसे लोग उत्पन्न हो गए हैं, जो हिटलर को स्वीकार करते हैं। आज से 50 वर्ष पूर्व कोई यह सोच भी नहीं सकता था कि हिटलर-जैसा आदमी उत्पन्न होगा और लोग उसे कबूल भी करेंगे।'

एक दिन डिक्टेटर पर बात चल निकली। किसी ने कहा, अलडूस हक्स्ले का कहना है कि नेपोलियन पर जितनी किताबें लिखी गई हैं, उतनी और किसी आदमी पर नहीं लिखी गईं। आदमी जब तक सीजर और नेपोलियन की बड़ाई करता रहेगा, तब तक मानव-समाज में सीजर, नेपोलियन और हिटलर पैदा होते रहेंगे।

श्री अरविन्द ने कहा, 'हक्स्ले शायद यह समझते हैं कि सीजर और नेपोलियन दुनिया के पहले डिक्टेटर थे। सच्ची बात यह है कि तानाशाही उतनी ही पुरानी है जितना पुराना यह संसार है। जब-जब समाज में अव्यवस्था फैली है, अशान्ति फैली है, तब-तब उसके सुधार और दमन के लिए तानाशाह उत्पन्न हुए हैं। सीजर और नेपोलियन की निन्दा करने के मानी ये हैं कि हम पुरुष की शक्ति, सामर्थ्य और सफलता की निन्दा करते हैं। हिटलर अवश्य निन्दनीय है, लेकिन कमाल पाशा को हम क्या कहेंगे? पिल्सुदस्की को क्या कहेंगे? स्टालिन और बालकन के राजाओं को क्या कहेंगे? और महात्मा गांधी भी तो एक तरह के डिक्टेटर ही हैं।'

फिर यह बात चली कि हक्स्ले ने युद्ध का विरोध किया है।

श्री अरविन्द ने कहा, 'युद्ध के विरोध में भला क्या आपत्ति हो सकती है? सवाल यह है कि युद्ध रोका कैसे जाए? जब दुश्मन लड़ने पर बिलकुल आमादा है, तब युद्ध को तुम रोक कैसे सकते हो? युद्ध के रोकने का उपाय यह है कि तुम दुश्मन से अधिक बलवान बन जाओ या फिर अन्य राष्ट्रों

से दोस्ती करके अधिक बलवान बनो या फिर गांधी जी के अनुसार शत्रु का हृदय-परिवर्तन करो या सत्याग्रह करो।

तब प्रश्न यह उठा कि हक्स्ले ने कहा है कि राज्य संसार में उन लोगों का चलना चाहिए, जो अनासक्त और निःस्वार्थ भाव से प्रजा की सेवा कर सकें।

श्री अरविन्द ने कहा, 'निस्सन्देह, यह बहुत अच्छी बात है। लेकिन अनासक्त लोग तुम्हें मिलेंगे कहाँ? और मिल भी जाएँ, तो उनके नेतृत्व को आनासक लोग स्वीकार करेंगे क्या? अनासक्त शासक अगर अपने निर्णयों को आसक्त लोगों से स्वीकृत कराना चाहें, तो वे लोग उन निर्णयों को स्वीकार करेंगे? स्वामी विवेकानन्द ने मनुष्य के स्वभाव को कुत्ते की पूँछ कहा था। उसे जितनी बार सीधी करो, उतनी ही बार वह टेढ़ी हो जाएगी। यही कारण था कि संवेदनशील लोग समाज से भागकर एकान्त में चले जाते थे। उनका विचार होता था कि चूँकि मानव-स्वभाव बदला नहीं जा सकता, इसलिए इस पचड़े को ही छोड़ दो। रूसी क्रान्ति के सामने भी यह मसला आया था। किन्तु लेनिन के साथ पन्द्रह लाख ऐसे क्रान्तिकारी मर्द थे, जो समझौता करने को तैयार नहीं थे। इसी से रूस में क्रान्तिकारियों को सफलता प्राप्त हुई।'

किसी ने कहा कि स्वामी विवेकानन्द कहते थे कि लालसाओं और उच्च अभिलाषाओं से छुटकारा मनुष्य को तभी मिल सकता है, जब भगवान उस पर कृपा करें।

श्री अरविन्द बोले, 'यह बात ठीक है। लालसा और उच्च अभिलाषा दूर-दूर तक मनुष्य का पीछा करती है। जब बड़ौदे में मुझे निर्वाण की अनुभूति हुई थी, मुझे लगने लगा था कि लालसा और अभिलाषा मुझमें नहीं है। किन्तु कलकत्ता पहुँचने पर मैंने अन्तःध्वनि सुनी, जिससे मालूम हुआ कि मैं भ्रम में था। असल में यह वैसा ही है, जैसे कांग्रेस के दो दल कांग्रेस की अध्यक्षता के लिए लड़ते हैं और प्रत्येक दल यही समझता है कि वह सेवा के लिए लड़ रहा है, सिद्धान्त के लिए लड़ रहा है।'

एक दिन अनैतिकता की बात चली। किसी शिष्य ने कहा, बहुत से ऐसे लोग हैं, जो चरित्र में ढीले हैं, किन्तु सफलता उन्हें खूब मिलती है और राजनीति में वे महान समझे जाते हैं।

श्री अरविन्द ने कहा, 'सफलता और महत्ता का चरित्र के साथ क्या सम्बन्ध है? संसार के अधिकांश महापुरुष दुश्चरित्र हुए हैं। चरित्र की शिथिलता का कारण यह है कि उस व्यक्ति का प्राणिक तत्त्व (वाइटल) बहुत बलवान है। प्राणिक तत्त्व की यही प्रबलता उसकी सफलता का कारण होती है। प्राणिक आवेग को बेलगाम छोड़ देना ही दुश्चरित्रता है। देखना यह है कि आवेग बल के स्तर पर उठता है, या दुर्बलता के स्तर से। संयम और आत्मदमन केवल योगी और साधु ही करते हैं, यह बात नहीं है। अपने प्राणिक आवेगों का दमन असुर भी करते हैं, जिससे आगे चलकर वे भी व्यापक आनन्द का भोग कर सकें। जो केवल दुर्बलता के कारण या समाज के भय से अपने आवेगों को भोग की ओर जाने से रोकते हैं, उन्हें मैं पवित्र नहीं कहूँगा। साधारण नैतिकता यही है कि हम समाज के नियमों का पालन करें। जब गांधी जी ने अपनी गर्भवती स्त्री के साथ समागम किया था, तब उसमें कोई अनैतिक बात नहीं थी, लेकिन गांधी जी ने उसे पाप मान लिया। ज्यादा संत ऐसे ही हुए हैं, जो अपने जीवन के आरम्भ में पापी रहे थे, जैसे विल्वमंगल पापी थे।'

शिष्य ने पूछा, 'क्या कुछ संत इसके अपवाद नहीं हैं?'

श्री अरविन्द ने कहा, 'नहीं। कारण यह है कि वे अपने पाप को स्वीकार (कनफेस) नहीं करते। सी.आर. दास चरित्रवान नहीं थे, लेकिन कौन कह सकता है कि वे महान नहीं थे?'

एक बार किसी शिष्य ने कहा, 'शंकराचार्य तो अवश्य ही ब्रह्म में लीन हुए होंगे!'

श्री अरविन्द बोले, 'अच्छा हो कि यह सवाल तुम स्वयं ब्रह्म से ही पूछ लो। मैं इसका उत्तर नहीं दे सकता। यह बड़ा ही पेचीदा सवाल है। मेरा तो अनुमान यह है कि ब्रह्म ने शंकर से कहा होगा कि तुम इतने तार्किक हो कि तुम मुझमें लीन नहीं हो सकते।'

सेक्स की चर्चा एक दिन और निकल पड़ी। एक साधक ने कहा, 'आपके योग में काम का वर्जन है, लेकिन तंत्र-मार्ग में, खास कर वाम मार्ग में, कामशक्ति का उपयोग आध्यात्मिक उन्नति के लिए किया जाता है।'

श्री अरविन्द ने पूछा, 'कैसे?'

शिष्य ने कहा, 'वही तो हम जानना चाहते हैं।'

श्री अरविन्द ने कहा, 'अगर तुमसे न रहा जाए, तो मछली तुम खा सकते हो; पीना चाहो, तो शराब भी पी सकते हो। लेकिन काम-कृत्य का उपयोग तुम आध्यात्मिक जीवन के लिए कैसे कर सकते हो? अपने-आपमें काम-कृत्य उतना बुरा नहीं है, जितना नीतिकार उसे बताते हैं। यह शरीर का स्वाभाविक आन्दोलन है और उसका कोई लक्ष्य है। अपने-आपमें वह न तो अच्छा है, न बुरा है। लेकिन योग की दृष्टि से काम-शक्ति संसार में सबसे बड़ी शक्ति है। अगर उचित ढंग से उसका उपयोग किया जाए, तो वह तुम्हारे अस्तित्व को सँवारती है, उसे जवान बनाती है। लेकिन अगर उसका उपयोग मामूली ढंग से किया जाए, तब वह दो कारणों से बहुत बड़ी बाधा बन जाती है। पहला कारण यह है कि काम-कृत्य से प्राणिक शक्ति का ह्रास होता है, काम-कृत्य तुम्हें मृत्यु की ओर ले जाता है, यद्यपि उससे नया जीवन भी जन्म लेता है। नये जीवन का उत्पन्न होना, यही काम-कृत्य की क्षति-पूर्ति है। काम-कृत्य मृत्यु की ओर यात्रा है, यह इस बात से भी सिद्ध होता है कि सम्भोग के पश्चात् आदमी की क्लान्ति की अनुभूति होती है, किसी-किसी को उससे घृणा भी होने लगती है।'

शिष्य ने कहा, 'मगर आँकड़े तो इसी बात के अधिक हैं कि अविवाहितों की अपेक्षा विवाहित लोग ही ज्यादा जीते हैं।'

श्री अरविन्द ने कहा, 'यह ठीक-ठीक सही नहीं है। कोई दीर्घजीवी यह कह सकता है कि वह सिगरेट नहीं पीता है, इसीलिए वह सौ साल तक जी सका है। मगर कोई यह भी कह सकता है कि सिगरेट पीने से कोई फर्क नहीं पड़ता, क्योंकि सिगरेट पीता हुआ मैं शतायु हुआ हूँ। काम-कृत्य के साथ जो उत्तेजना चढ़ती है, वह मनुष्य की साइकिक सम्भावनाओं को नष्ट कर देती है और चेतना के उच्च बिन्दु से उतरकर मनुष्य नीचे आ जाता है।'

शिष्य ने पूछा, 'काम-कृत्य में जो नीचे ले जाने की प्रवृत्ति है, उसमें विवाह और कानून की सहमति से कोई फर्क पड़ता है या नहीं?'

श्री अरविन्द ने कहा, ''बिलकुल नहीं। जो भी नैतिक नियम हैं, समाज की व्यवस्था के लिए हैं, जन्म लेनेवाले बच्चों के कल्याण के लिए हैं। जहाँ तक योग का सम्बन्ध है, अपनी पत्नी के साथ सम्भोग उतना ही बुरा है,

जितना परायी स्त्री के साथ। आध्यात्मिक ध्येय के लिए काम का उपयोग केवल वे लोग कर सकते हैं, जो मानवीय धरातल से ऊपर उठ गए हैं, जिनके भीतर आध्यात्मिक और प्राणिक, दोनों ही शक्तियाँ विद्यमान हैं।'

इस पर शिष्य ने घबराकर कहा, 'यदि काम-कृत्य का नतीजा इतना खराब है, तब तो साधना में उससे सहयोग लेने की बात सोचनी भी नहीं चाहिए। तब तो हमारा सुरक्षित मार्ग पर ही रहना ठीक है।'

श्री अरविन्द ने कहा, 'इस सवाल का जवाब देना बड़ा ही खतरनाक है। इसका जवाब मैं तुम्हें तब दूँगा, जब तुम मानवीय धरातल से ऊपर उठ जाओगे।'

शिष्य ने पूछा, 'जब हम मानवीय चेतना से ऊपर उठ जाते हैं, तब काम-कृत्य से होनेवाले ह्रास का क्या होता है? वह रोका कैसे जाता है?'

श्री अरविन्द ने कहा, 'उच्च शक्तियाँ चीजों को अपने ढंग से सँभालती हैं और हानिकारक प्रभावों को वे रोक देती हैं। उस समय कामोपभोग का तरीका वही नहीं होता, जो मानवीय धरातल पर देखा जाता है। आध्यात्मिक स्तर पर उसका रूप ही परिवर्तित हो जाता है।'

एक दिन चर्चा इस बात की चली कि प्रत्येक भारतवासी की औसत आय क्या है।

एक शिष्य ने कहा, 'यही कोई तीस रुपये साल।'

दूसरे शिष्य ने कहा, 'यानी ढाई रुपये प्रति मास।'

श्री अरविन्द ने कहा, 'तब तो न्यू इंडिया ने अच्छा सुझाव दिया है। उसका प्रस्ताव यह है कि प्रत्येक मंत्री को उतना ही वेतन मिलना चाहिए, जितनी भारतवासियों की औसत आय है। जैसे-जैसे जनता की औसत आय में वृद्धि होगी, वैसे ही वैसे मंत्री का वेतन और भी बढ़ेगा।'

सन् 1924 में पंडित मोतीलाल नेहरू ने स्वराज्य पार्टी की ओर से कोई पत्र निकाला था और श्री अरविन्द से उन्होंने एक लेख की याचना की थी।

श्री अरविन्द ने शिष्य-मंडली से पूछा, 'तुमने मोतीलाल का पत्र पढ़ा है?'

शिष्य ने कहा, 'हाँ, पढ़ा है।'

श्री अरविन्द ने कहा, 'स्पष्ट ही, स्वराज पार्टी के लोग महात्मा से बहुत डरे हुए हैं।'

एक शिष्य ने कहा, 'मगर उनके भीतर महात्मा जी के लिए प्रेम और आदर भी है।'

श्री अरविन्द ने कहा, 'सो तो है, मगर प्रेम और आदर से अधिक प्रमुख भय और त्रास ही है।'

सन् 1938 ई. में डॉक्टर भगवानदास जी ने सार्वजनिक मंच से एक सुझाव दिया था कि विधान-सभाओं के सदस्य वे ही बनाए जाएँ, जिनकी उम्र चालीस वर्ष से अधिक हो और जिनका चरित्र ऋषि का चरित्र हो।

यह बात जब श्री अरविन्द के ध्यान में लाई गई, उन्होंने कहा, 'इससे आशा बँधती हो, ऐसी तो कोई बात नहीं है। ऋषियों का चैम्बर बड़ी ही अजीब कल्पना है। अगर ऋषियों को एक जगह एकत्र करोगे, तो वे आपस में झगड़ने लगेंगे। कहावत ही है–नाना मुनि, नाना मत। प्राचीन काल में ऋषि राजाओं का मार्गदर्शन इसलिए कर पाते थे कि ऋषि सारे देश में बिखरे हुए थे, वे एक स्थान पर एकत्र नहीं थे।'

सन् 1938 में ही किसी ने एक दिन कहा, 'जर्मन लोग यहूदियों से नाराज हैं (हिटलर यहूदी जाति को ही मिटा देना चाहता था), क्योंकि प्रथम विश्व-युद्ध में यहूदियों ने जर्मनी के साथ देश-द्रोह किया था।

श्री अरविन्द ने कहा, 'बेवकूफी की बात। सच तो यह है कि यहूदियों ने जर्मनी के महान बनने में पूरा योगदान दिया है। जर्मनी का वाणिज्य बेड़ा और उसकी नौसेना यहूदियों का निर्माण है। यहूदी बहुत ही कुशल जाति है, इसीलिए बाकी लोग उनसे जलते हैं। सारे संसार की प्रगति में यहूदियों का बहुत बड़ा हाथ रहा है। मैंने यहूदियों के बारे में की गई एक प्राचीन भविष्यवाणी की बात तुमसे कही थी या नहीं? जब यहूदियों पर भीषण अत्याचार होगा और वे खदेड़कर जेरूसलेम पहुँचा दिये जाएँगे, तब संसार में फिर से स्वर्णयुग का आरम्भ हो जाएगा।'

'इसी तरह अंग्रेज भी स्कॉट लोगों से जलते हैं, क्योंकि व्यापार के क्षेत्र में स्कॉटलैंडवालों ने अंग्रेजों को पीट दिया है।

'और बंगाल में क्या देखते हो? पश्चिम बंगाल के लोग पूरब के बंगालियों को 'बंगाल' कहते थे। उन्होंने एक कहावत ही गढ़ ली थी–बांगाल मानुस मानुस नोय, ओ एक जन्तु।

'एक मुहल्ले के कुत्ते दूसरे मुहल्ले के कुत्ते को बर्दाश्त नहीं कर सकते। 'पंच' नामक अंग्रेजी पत्र में एक मजाक छपा था : 'बिल! यह नया आदमी कौन है?'–बिल ने कहा, 'अरे, विदेशी मालूम होता है, मारो!'

पटना के मेहँदी इमाम साहब श्री अरविन्द के बड़े भक्त हैं। वे साधक भी हैं और अंग्रेजी में कविताएँ भी लिखते हैं। अंग्रेजी कवि शेली पर उन्होंने एक पुस्तक लिखी, जो बहुत प्रसिद्ध हुई। श्री अरविन्द के सामने जब इस पुस्तक का प्रसंग आया, उन्होंने कहा, 'मेरा खयाल है, मेहँदी इमाम पर सूफियों का प्रभाव है। उसका यह कहना सही मालूम होता है कि आधुनिक युग के आरम्भ के पहले कितने ही कवियों की प्रेरणा अन्य लोक से आती थी, क्योंकि अन्य लोक में उनका विश्वास था। फिर भी मेहँदी इमाम का यह कहना ठीक नहीं है कि शेली आदि कवियों को कास्मिक एकता की अनुभूति प्राप्त थी। खास कर, शेली तो उदात्तीकृत शृंगार का कवि था। वह पहली दृष्टि में प्रत्येक नारी को देवी समझ लेता था और उसके प्रेम में उद्विग्न हो उठता था। लेकिन उसका मोह-भंग भी तुरन्त हो जाता था। और उस नारी को राक्षसी समझकर वह उससे भागने लगता था।'

एक बार श्री सुभाषचन्द्र बोस ने श्री दिलीप कुमार राय को एक पत्र लिखा था, जो चन्दरनगर के 'प्रवर्तक' नामक पत्र में छपा। इस पत्र में सुभाष बाबू ने लिखा था कि 'मेरे जानते श्री अरविन्द विवेकानन्द से अधिक गम्भीर हैं। वे बहुत बड़े ध्यानी भी हैं। लेकिन मेरा खयाल है, कर्म के क्षेत्र से बहुत दिनों तक दूर रहने के कारण उनकी दृष्टि एकांगी हो गई है। ऐसा व्यक्ति अपने-आपको अतिमानव की कोटि तक भले उठा ले, लेकिन जनसाधारण के लिए मैं सेवा और कर्म के मार्ग को ही श्रेष्ठ समझता हूँ।'

पत्र सुन लेने के बाद श्री अरविन्द ने कहा, 'मुझे खुशी है कि चिट्ठी ज्यादा लम्बी नहीं है।'

एक बार रूस के बारे में पूछे जाने पर श्री अरविन्द ने कहा, 'रूस में जो प्रयोग किया गया है, उसके न किये जाने पर मानवता की अनुभूति अधूरी रहती। रूस ने एक नया ढाँचा (फार्म) तैयार कर लिया है। देखना यह है कि उसके भीतर से रूस वाले क्या कर पाते हैं।'

एक अन्य अवसर पर रूस के बारे में उन्होंने कहा, 'अपने अर्थ में साम्यवादी तो मैं भी हूँ, किन्तु रूस में जो कुछ हो रहा है, वह मुझे पसन्द नहीं है।'

एक दिन श्री अरविन्द शिष्यों को यह समझा रहे थे कि जब दो व्यक्तियों में गाढ़ी दोस्ती होती है, तब उसका कारण यह होता है कि दोनों को एक-दूसरे की प्राणिक शक्ति की आवश्यकता है। यही नियम नर और नारी के सम्बन्ध का भी कारण होता है। जब नारी को किसी नर की आवश्यकता होती है, तब इसका अर्थ यह होता है कि उसे किसी दूसरे की प्राणिक शक्ति की आवश्यकता है। नर और नारी जब एक-दूसरे के पीछे भागते चलते हैं, तक खेल इसी आकर्षण का चलता है, प्राणिक शक्ति के इसी आदान-प्रदान का चलता है। नर और नारी आपस में झगड़ते भी हैं, किन्तु झगड़कर भी वे साथ रहना नहीं छोड़ते, क्योंकि एक-दूसरे की प्राणिक शक्ति की यही आवश्यकता उन्हें बाँधे हुए है।

एक शिष्य ने पूछा, 'यदि एक ने दूसरे की प्राणिक शक्ति अधिक खींच ली, तो क्या होगा?'

श्री अरविन्द ने कहा, 'यदि कोई देता कम, खींचता ज्यादा है, तो इसका परिणाम दूसरे के लिए बुरा होगा। हिन्दू ज्योतिष में एक योग राक्षसयोग है। एक पति की अनेक पत्नियाँ जब मर जाती हैं, तब यही कहा जाएगा कि उसने पत्नियों का पालन नहीं, भक्षण किया है।'

एक दिन फासिज्म और कम्यूनिज्म पर विचार प्रकट करते हुए उन्होंने कहा, 'सरकारी नियंत्रण में मेरा विश्वास नहीं है, क्योंकि मैं थोड़ी आजादी चाहता हूँ–सोचने की आजादी, रास्ता खोजने की आजादी, गलती करने की आजादी और फिर से सही रास्ते पर आने की आजादी। प्रकृति ने जब मनुष्य को बनाया था, तब वह जानती थी कि इसके भीतर गलती करने की भी सम्भावनाएँ हैं। खतरा उठाने की आजादी नहीं रही, गलती करने की आजादी नहीं रही, तो मनुष्य की प्रगति रुक जाएगी। आजादी नहीं रही, तो मनुष्य की चेतना का भी विकास नहीं होगा।

'हम जिस सभ्यता में जी रहे हैं, वह निखालिस वरदान नहीं, शाप भी है। जरा देखो कि यूरोप में क्या हो रहा है। नाजी जर्मनी में चीजें किस हालत

में हैं? व्यक्ति के लिए सिर उठाने की वहाँ गुंजाइश ही नहीं है। जर्मनी में या तो हिटलरी तंत्र टूटेगा या जनता का सर्वनाश हो जाएगा। जो हाल नात्शीवाद का है, वही हाल फासिस्टवाद और साम्यवाद का भी है। इन पद्धतियों में ब्राह्मणों अर्थात् मनीषियों के लिए कोई स्थान नहीं है।

'यह आश्चर्य की बात है कि स्वीकृति पाते ही चीजें बर्बाद कैसे होने लगती हैं। डेमोक्रेसी उस समय कहीं अच्छी चीज थी, जब उसका नाम डेमोक्रेसी नहीं पड़ा था। जब नाम आ जाता है, सत्य विदाई ले लेता है। मैं पहले ही जानता था कि जब समाजवाद आएगा, व्यक्ति की सारी स्वतंत्रता समाप्त हो जाएगी।'

एक शिष्य ने पूछा, 'तो फिर रोम्याँ-रोलाँ जैसे लोग रूस के प्रति इतना उत्साह क्यों दिखा रहे हैं?'

श्री अरविन्द ने कहा, 'सम्भवतः इसलिए कि वे समाजवादी हैं। लेकिन उनका मोह अब टूट रहा है। फ्रांस के बहुत-से मजदूर रूस चले गए थे, लेकिन निराश होकर उन्हें वहाँ से लौटना पड़ा। जब प्रजातंत्र आया था, तब भी लोगों को आशा बँधी थी कि अब स्वतंत्रता का आनन्द छूटकर उठाएँगे। लेकिन वह आशा पूरी नहीं हुई।'

शिष्य ने टोका, 'लेकिन यह तो हुआ है कि पहले वे सम्राट की सेवा करते थे, अब वे जनता की सेवा कर रहे हैं।'

श्री अरविन्द ने कहा, 'यह विचार तुमको कहाँ से मिला? सम्राट का शासन से क्या सरोकार था? देश पर असली राज पूँजीपतियों और धनियों का चलता था। नाम चाहे जो भी दो, लेकिन बातें आज भी वे ही चल रही हैं। नाम चाहे जो भी रखो, लेकिन यह सारी-की-सारी व्यवस्था धोखा है, धोखे का जाल है। राजनीति के यंत्र से मनुष्यता को बदलना बिलकुल असम्भव है। यह हो ही नहीं सकता।'

जापानियों के बारे में श्री अरविन्द के बड़े ऊँचे विचार थे। एक बार अपने शिष्यों से उन्होंने कहा था कि 'जापानी बड़े ही सज्जन और सुशील होते हैं और उनका आचरण बड़ा ही विनम्र होता है। लेकिन वे तुम्हें अपने व्यक्तिगत जीवन के दायरे में नहीं आने देंगे। आत्म-नियंत्रण की शक्ति उनकी अद्भुत होती है। वे क्रोध में आकर तुमसे झगड़ा नहीं करेंगे, लेकिन

बात उनकी इज्जत पर आन पड़ी, तो वे तुम्हारी जान तक ले सकते हैं और अगर वे तुम्हारी जान न ले सके, तो अपनी जान वे तुम्हारे दरवाजे पर गँवा देंगे। अगर किसी अंग्रेज के दरवाजे पर कोई जापानी आत्महत्या कर ले, तो फिर उस अंग्रेज का वहाँ रहना ही असम्भव हो जाएगा।

'जुर्म करने में भी जापानी एक विचित्र प्रकार के मूल्य का निर्वाह करते हैं। अगर घरवाला कहे कि उसे थोड़े रुपयों की जरूरत है, तो लुटेरे कुछ रुपये उसके लिए छोड़ देते हैं। और घरवाले ने कहीं यह कहा कि वह कर्जदार है और कर्ज चुकाए बिना उसकी इज्जत नहीं बचेगी, तो लुटेरे सारा माल उसे लौटा देंगे।

'इस पृष्ठभूमि पर जरा उन चोरों और उचक्कों के बारे में सोचो, जो इंग्लैंड और अमरीका में भरे हुए हैं।

'रूसी-जापानी युद्ध में जब रूसियों की हार हो गई, तब मिकाडो यह सोचकर रोने लगा था कि हाय, रूस के जार की इज्जत चली गई।

'भूकम्प के कारण एक बार जापान में आग लग गई। जहाँ आग लगी थी, वहाँ कोई पचास हजार आदमी जमा थे। वे सब-के-सब जल रहे थे, लेकिन किसी के मुख से चीख या पुकार नहीं निकल रही थी। वे सब-के-सब समवेत स्वर में बौद्ध मंत्र का पाठ कर रहे थे। जापानी वीर जाति है। उसकी आत्मनियंत्रण की शक्ति आश्चर्यजनक है।

'यह दुःख की बात है कि इतनी अच्छी जाति यूरोप की कुरूप सभ्यता के सम्पर्क में पड़कर खराब हो रही है। अब जापानी भी बनिये हो गए हैं। पैसे के लिए वे अब कुछ भी कर सकते हैं। एक जापानी महिला बहुत दिनों तक अमरीका में रह गई थी। वह जब जापान लौटी, उसने अपने देश को बहुत बदला हुआ पाया। इस परिवर्तन को वह बर्दाश्त नहीं कर सकी और चुपचाप फिर अमरीका लौट गई।'

जब जापान ने चीन पर चढ़ाई की थी, रवीन्द्रनाथ ठाकुर ने जापान के खिलाफ एक जोरदार बयान दिया था। रवीन्द्रनाथ के वक्तव्य का खंडन करते हुए जापानी कवि योन नोगूची ने एक दूसरा वक्तव्य दिया था। यह वक्तव्य जब श्री अरविन्द को दिखाया गया, उन्होंने कहा, 'हर विषय के दो पहलू होते हैं। साम्राज्यवाद के खिलाफ इस प्रकार के नारों में मेरा अधिक विश्वास नहीं

है। इस प्रकार का विजय-अभियान पहले राजनीति का स्वाभाविक कर्तव्य समझा जाता था। प्रायः प्रत्येक जाति इस प्रकार का कार्य करती है। और चीन को तुम क्या समझते हो? क्या चीन ने काशगर को इसी तरह नहीं जीता था? काशगर नाम ही बतलाता है कि चीन को वहाँ जाने का कोई अधिकार नहीं था। अब आदमियों को मारने के तरीके बदल गए हैं। इसके सिवा युद्ध में मुझे और कोई भेद दिखाई नहीं देता। यह ऐंग्लो-सैक्सन जाति का पाखंड है, जो इस तरह की चीख-चिल्लाहट मचाता है। फ्रांस तो कुछ भी नहीं बोलता।'

शिष्य ने कहा, 'फ्रांसीसी लोगों को दिमाग जल्दी खराब नहीं होता है, लेकिन जब वह खराब होता है, पूरा ही खराब हो जाता है।'

श्री अरविन्द बोले, 'हाँ, पहले हिन्दुस्तानी के बारे में भी लोग सोचते थे कि वह हाथी के समान पालतू और विनम्र होता है। मगर जब यह हाथी बिगड़ जाता है, तो फिर उसकी जद में आने की बजाय बचने में ही खैर है।'

शिष्य ने पूछा, 'क्या यूरोपीय सभ्यता में कोई भी अच्छी बात नहीं है?'

श्री अरविन्द ने कहा, 'है क्यों नहीं? सफाई, स्वच्छता, स्वास्थ्य, सेवा–ये सभी अच्छी बातें हैं। किन्तु यूरोप ने मानवता के नैतिक टोन को नीचे कर दिया। उन्नीसवीं सदी की सभ्यता भी इस सभ्यता से श्रेष्ठ थी। पिछले महायुद्ध के बाद यूरोप सँभल नहीं सका। पुराने समय के लोगों के सामने ऊँचे आदर्श थे और वे इन आदर्शों को और भी ऊँचा उठाना चाहते थे। किन्तु पिछले महायुद्ध (प्रथम विश्वयुद्ध) के बाद यूरोप के सभी आदर्श नष्ट हो गए। यूरोप के लोग सनकी हो गए हैं, स्वार्थी हो गए हैं। मेरा खयाल है, इस सबकी जड़ में वाणिज्यवाद है।'

प्रजातंत्र की चर्चा चलने पर श्री अरविन्द ने कहा, 'तुम समझते हो कि प्रजातंत्र शासन का सबसे अच्छा रूप है? इंग्लैंड को छोड़कर वह कहीं भी कामयाब नहीं हुआ है। फ्रांस में तो उसकी हालत और भी खराब है।'

एक दूसरे दिन उन्होंने कहा, 'तुम संसदीय उदारतावाद को अपना रहे हो, मजदूर आन्दोलन को अपना रहे हो, इसलिए कि ये चीजें यूरोप में हैं। किन्तु वहाँ वे वस्तुएँ वास्तविकता पर आधारित हैं, किन्तु भारत में वे नाम भर हैं। सार्वजनिक शिक्षा के पूर्ण हुए बिना संसदीय पद्धति कामयाब नहीं हो सकती।'

एक दिन किसी ने पूछा, 'भारत ने बाहर से आनेवाली सभी जातियों को पचाकर अपने साथ एकाकार कर लिया, लेकिन वह मुसलमानों को क्यों नहीं पचा सका?'

श्री अरविन्द ने कहा, 'मानसिक धरातल पर भारत में यह प्रक्रिया भी आरम्भ हुई थी, मगर वह आगे नहीं बढ़ सकी। आगे वह तब बढ़ेगी, जब मुस्लिम मानस में सुधार हो, मुसलमान सहिष्णु बनें। जब तक मुसलमानों के भीतर सहिष्णुता नहीं आती, मेरा खयाल है, भारत उन्हें पचा नहीं सकेगा। हिन्दू हर हालत में सहिष्णु होने को तैयार हैं। वह सबको अपने भीतर पचा सकता है, बशर्ते कि लोग उसके केन्द्रीय सत्य को मानने को तैयार हों।'

राष्ट्रीयता की बात चलने पर उन्होंने कहा, 'राजनीतिक अर्थ में राष्ट्र की परिकल्पना भारत में थी ही नहीं। हाँ, सांस्कृतिक और आध्यात्मिक अर्थ में राष्ट्र यहाँ भी था। यही हाल बाकी संसार का था। फ्रांस राष्ट्रीय तब बनने लगा, जब जोन ऑव् आर्क का आविर्भाव हुआ। उसके पूर्व इंग्लैंड को फ्रांस के अमीरों में ब्रिटिश पक्ष के समर्थक मिल जाते थे।'

बड़े कल-कारखानों के विषय में चर्चा छिड़ने पर श्री अरविन्द ने कहा, 'बड़ी मशीनों का आना अनिवार्य है। जब तक उत्पादन बड़े पैमाने पर नहीं किए जाएँगे, भारत से गरीबी दूर नहीं होगी। मशीनों के खिलाफ जो आवाज उठाई जा रही है, उसका मूल कारण यह है कि भारतवासी गरीबी को दुर्गुण नहीं मानते। भारत को सम्पत्ति चाहिए, सम्पत्ति के बिना उसकी प्रगति नहीं होगी।'

1923 ई. में मुलतान में जो हिन्दू-मुस्लिम दंगे हुए थे, उनके बारे में एक बयान मालवीय जी ने दिया था और दूसरा वक्तव्य राजा जी ने। जब ये दोनों वक्तव्य श्री अरविन्द को दिखाए गए, उन्होंने कहा, 'ये लोग हिन्दू-मुस्लिम एकता को ताबीज बना रहे हैं। सत्य को आँख से ओझल करना ठीक नहीं है। हिन्दू-मुस्लिम एकता का यह अर्थ तो नहीं है कि हिन्दू मुसलमानों के अधीन हो जाएँ? हिन्दू-मुस्लिम समस्या का सबसे अच्छा समाधान यह है कि हिन्दू अपने को संगठित करें। तब हिन्दू-मुस्लिम एकता आप-से-आप हो जाएगी। यह समस्या अत्यन्त कठिन है। हर बार जब हम समझते हैं कि हमने समस्या का समाधान कर लिया, तब हम फकत समस्या को टाला करते हैं।'

इस्लाम की चर्चा एक दिन और निकली। उस दिन श्री अरविन्द ने कहा, 'उस धर्म के साथ शान्तिपूर्वक तुम कैसे रह सकते हो, जो यह कहता है कि मैं बर्दाश्त नहीं करूँगा? मुसलमान हिन्दुओं का धर्म-परिवर्तन करते जाएँ और हिन्दू मुसलमान को हिन्दू नहीं बना सकें, इस आधार पर कभी एकता हो सकती है? एक ही रास्ता है, जिससे मुसलमान शान्तिमय बनाये जा सकते हैं। वे कट्टरपन और धर्मान्धता को छोड़ दें। अलीगढ़ में उन्हें जो शिक्षा मिलती है, वह काफी नहीं है, उन्हें अधिक उदार शिक्षा दी जानी चाहिए। उदाहरण के लिए टर्की के लोग धर्मोन्मादी नहीं हैं। जब वे लड़ते हैं, उनका उद्देश्य स्वतंत्रता के लिए लड़ना होता है, अधिकार के लिए लड़ना होता है, धर्म के लिए नहीं। दुनिया में जितने भी धार्मिक युद्ध लड़े गए हैं, वे या तो क्रिस्तानों के आरम्भ किये हुए थे या मुसलमानों के। हाँ, अपने समय में यहूदियों ने भी थोड़ा अत्याचार जरूर किया था।'

एक दिन किसी ने कहा, 'गांधी जी को यह चिन्ता अधिक नहीं है कि विपक्षी भी अहिंसक बने। वे अपने-आपको अहिंसक रखकर सन्तुष्ट हो जाते हैं।'

श्री अरविन्द ने कहा, 'यह सत्याग्रही की हिंसा है। अहमदाबाद में जब मिल-मजदूरों ने हड़ताल की थी, तब गांधी जी ने उपवास किया था। आखिर को मिल-मालिकों को उनकी बात माननी पड़ी, इसलिए नहीं कि मिल-मालिक अपनी भूल को समझ गए थे, बल्कि इसलिए कि वे गांधी जी की मृत्यु का पाप अपने मत्थे लेना नहीं चाहते थे। लेकिन समझौते के बाद क्या हुआ? मिल-मालिक फिर वही सलूक करने लगे, जो पहले करते थे। यही बात दक्षिण अफ्रीका में भी हुई। गांधी जी का सत्याग्रह कुछ थोड़ी दूर तक सफल हुआ था, लेकिन जब गांधी जी भारत लौटे, सरकार का रुख वही हो गया, जो पहले था।'

एक दिन चर्चा इस विषय की निकली कि दयालु और पवित्र शाकाहारी होता है या मांसाहारी?

श्री अरविन्द ने कहा, 'आध्यात्मिक जीवन में भोजन को इतना अधिक महत्त्व नहीं देना चाहिए। आध्यात्मिक जीवन के लिए यह प्रश्न गौण है कि आदमी आमिष खाता है या नहीं। असली कसौटी यह है कि साधक में समता की दृष्टि है या नहीं। वह है तो फिर मछली या सब्जी से क्या फर्क पड़ता

है? दार्शनिक दृष्टि से तो यह बताना भी कठिन है कि मछली में जीवन अधिक है और पौधे में कम है। पौधों में मन तो नहीं है, किन्तु जीवन की चेतना आदमी से कम नहीं है। अब मैं मछली नहीं खाता हूँ, लेकिन उसका महत्त्व क्या है? बिल्ली को तो मछली देता ही हूँ।'

रवीन्द्रनाथ और जगदीशचन्द्र बोस की तुलना करते हुए श्री अरविन्द ने कहा, 'टैगोर का विकास अधिक समृद्धिपूर्ण विकास है। उनका व्यक्तित्व भी बोस के व्यक्तित्व से बड़ा है।'

धन के विषय में बोलते हुए श्री अरविन्द ने कहा, 'गरीबी की प्रशंसा ईसाइयत की देन है। हिन्दू-धर्म दरिद्रता को वरेण्य नहीं मानता था। ब्राह्मण धन के प्रति अनासक्त तो होते थे, किन्तु निर्धनता की पूजा वे भी नहीं करते थे। गांधी जी का यह उपदेश निरर्थक है कि सत्याग्रही को चाहिए कि वह अपने बच्चों के लिए धन की विरासत नहीं छोड़े।'

एक दिन चर्चा इस विषय की निकली कि आश्रमवासियों को जो खटमल और मच्छर सताते हैं, उनका क्या किया जाए?

नलिनीकान्त ने कहा, 'सुना जाता है कि कट्टर जैन किराये पर आदमी लाकर उसे खटमलवाली खाट पर सुलाते हैं।'

श्री अरविन्द ने कहा, 'इतिहास में मैंने एक कहानी पढ़ी है। जब मोहम्मद गजनी आया, उसने एक जैन राजा को हराकर उसे कैद कर लिया और सिंहासन पर उसके भाई को बिठा दिया। अब नये राजा को यह सूझे ही नहीं कि वह कैदी राजा का क्या करे। निदान, उसने सिंहासन के नीचे एक समाधि खुदवाई और कैदी राजा को उसमें गाड़ दिया। इस प्रकार वह कैदी मर तो गया, किन्तु उसे मारने का पाप राजा को नहीं लगा।'

उस दिन श्रीमाँ भी वार्ता के समय मौजूद थीं। उन्होंने कहा, 'सच्चा अहिंसक जैन वही हो सकता है, जो योगी हो। मैं जब यहाँ आई थी, तब योगबल से ही मच्छरों को दूर रखती थी।'

एक साधक ने पूछा, 'लेकिन साँप और बिच्छू को मारना उचित है या नहीं?'

श्री अरविन्द ने कहा, 'क्यों नहीं? आत्म-रक्षा के लिए उन्हें मारना ही चाहिए। मेरा अभिप्राय यह नहीं है कि तुम उन्हें खोज-खोजकर मारो। लेकिन

जब तुम्हें यह दिखाई पड़े कि उनसे तुमको या दूसरों को खतरा है, तो निश्चय ही उन्हें मार डालना चाहिए।'

एक बार गांधी जी के सुपुत्र श्री देवदास गांधी श्री अरविन्द से मिलने गए थे। उन्होंने श्री अरविन्द से पूछा, 'अहिंसा के बारे में आपका क्या विचार है?'

श्री अरविन्द ने कहा, 'मान लो, कल अफगान लोग भारत पर चढ़ाई कर दें, तो अहिंसा से तुम उनका मुकाबला कैसे करोगे?'

नलिनीकान्त से बात करते हुए श्री अरविन्द ने कहा, 'बंगाल में जो बमबाजी होने लगी, वह मेरी चलाई हुई नहीं थी। मेरा विचार तो एक साथ सारे भारत में सशस्त्र क्रान्ति करने का था। लेकिन नौजवान बिलकुल बचपने की बातें करने लगे। वे मजिस्ट्रेटों को पीटने लगे। वे आतंकवादी हो गए, डकैत हो गए। यह बिलकुल ही मेरा विचार नहीं था। बंगाल बड़ा ही भावनाशील है। वह परिणाम तुरन्त चाहता है। उसमें इतना धैर्य नहीं है कि वह वर्षों तक चुप रहकर तैयारी कर सके। हम भारत की आत्मा को जगाकर गुरिल्ला-पद्धति से युद्ध करना चाहते थे, जैसे आयरलैंड के सिनफिन आन्दोलन में हुआ था।'

एक दिन किसी ने कहा, 'लगता है, भविष्य में महाकाव्य अधिक-से-अधिक आत्मनिष्ठ (सब्जेक्टिव) होते जाएँगे।'

श्री अरविन्द ने कहा, 'हाँ, मालूम यही होता है। हमेशा से विचार यही रहा है कि महाकाव्य में कोई कहानी भी होनी चाहिए। लेकिन अब लगता है, कथा का कोष समाप्त हो गया। इसके सिवा नये युग की माँग भी आत्मनिष्ठता की ही है और महाकाव्य को भी इस माँग का जवाब देना होगा।'

शिष्य ने कहा, 'यह दुःख की बात है कि टैगोर ने कोई महाकाव्य नहीं लिखा।'

श्री अरविन्द बोले, 'टैगोर? उनके पास महाकाव्य वाला मस्तिष्क नहीं है। लेकिन कुछ वर्णनात्मक कविताएँ उन्होंने बहुत अच्छी लिखी हैं।'

एक दिन पुराणी जी ने कहा, 'यह दुःख की बात है कि भारत की किसी भी नई भाषा में कोई ऐसी कृति नहीं है, जिसे शुद्ध और सफल महाकाव्य कहा जा सके।'

श्री अरविन्द ने कहा, 'ऐसा तुम क्यों कहते हो? मधुसूदन (माइकेल मधुसूदन) ने सफल महाकाव्य लिखा है। उस काव्य का प्रवाह बहुत बढ़िया

है, उसमें शैली और लोच भी है, किन्तु भीतर का द्रव्य उसका कमजोर है। बंगालियों का दिमाग महाकाव्य लिखनेवाला दिमाग नहीं है, इसलिए आश्चर्य होता है कि मधुसूदन ने बंगला में महाकाव्य कैसे लिखा। बंगला में जो 'रामायण' और 'महाभारत' हैं, वे भी बहुत अच्छे नहीं हैं। मेरा खयाल है, मधुसूदन ने होमर और वर्जिल को खूब पढ़ा था। प्रेरणा मधुसूदन को उन्हीं से मिली होगी।'

श्री अरविन्द ने और भी कहा, 'महाकाव्य लिखनेवाला मानस बहुत ही ऊँचा, विस्तृत और शक्तिशाली होता है। बंगाल का मन नाज़ुक है, नर्म है। यही कारण हुआ कि फ्रेंच में भी कोई महाकाव्य नहीं लिखा जा सका। फ्रेंच भाषा भी बहुत ही कोमल, व्यवस्थित और प्रांजल है।'

नलिनीकान्त ने पूछा, 'इकबाल की कविताएँ आपने देखी हैं? कई लोग उन्हें टैगोर से बड़ा मानते हैं।'

श्री अरविन्द ने कहा, 'उनकी उर्दू या फारसी की कविताएँ तो मैंने नहीं देखी हैं, लेकिन उनका अनुवाद थोड़ा देखा है। मेरा खयाल है, टैगोर की कविताओं के भीतर जो महत्ता और मौलिकता है, वह इकबाल की कविताओं में नहीं है।'

महाकाव्य की बात फिर चली।

श्री अरविन्द ने कहा, 'साधारणतः समझा यह जाता है कि महाकाव्य लिखनेवाला कवि सदियों में कभी एक बार आता है। मगर उनकी संख्या कितनी थोड़ी रही है? और विषय की बात सोचो, तो नेपोलियन का जीवन क्या महाकाव्य का विषय नहीं था? फिर भी उस पर महाकाव्य नहीं लिखा गया। इस दृष्टि से संस्कृत भाषा अतुलनीय है। उसने कितने महाकवि उत्पन्न किए! असल में संस्कृत भाषा ही महाकाव्य है। वाल्मीकि और व्यास तो अपनी जगह पर हैं ही; कालिदास, भारवि आदि कवियों ने भी महाकाव्य की ऊँचाई प्राप्त कर ली है।'

अंग्रेजी में लिखनेवाले भारतीय कवियों की बात चलने पर श्री अरविन्द ने कहा, 'कठिनाई यह है कि लोग कभी-कभी लिखते तो सफलता के साथ हैं, किन्तु उनकी रचनाओं को देखकर यह कभी भी भासित नहीं होता कि उनकी कविताओं के भीतर से आदमी बोल रहा है। लगता है, अंग्रेजी साहित्य को पढ़कर वे अंग्रेजी में कविताएँ बना डालते हैं। सरोजिनी नायडू

इनमें सबसे अच्छी हैं। उनकी अभिव्यक्तियाँ भी स्वच्छ हैं। लेकिन उनका क्षितिज छोटा है।'

नई कविता की बात चलने पर उन्होंने कहा, 'जिसका सूत्र विक्टोरिया के युग में ही छूट गया, वह इन कविताओं को समझ नहीं सकता है। सुना है, इंग्लैंड में आजकल कविताएँ नहीं पढ़ी जाती हैं। और इसमें आश्चर्य की कोई बात नहीं है। मेरा खयाल है, इसकी जवाबदेही नये कवियों पर थोपी जानी चाहिए।'

पुराणी जी ने कहा, 'थामसन ने मुझे इलियट को पढ़ने को कहा था। मैंने उसे पढ़ा भी, लेकिन कोई चीज मुझे मिली नहीं, एजरा पौंड में भी नहीं। तब मैंने अमल से पूछा कि उसकी राय क्या है।'

श्री अरविन्द ने कहा, 'उसकी राय क्या है?'

पुराणी जी ने कहा, 'अमल कहता है कि नाम तो उनका पौंड है, मगर कीमत मैं उनकी पेनी भर भी नहीं मानता।'

श्री अरविन्द ने कहा, 'इलियट आधुनिक कविता के प्रवर्तक हैं, गरचे मैंने उन्हें ध्यान से पढ़ा नहीं है। मगर तुम यह जानते हो कि आधुनिक कवि की परिभाषा क्या है? आधुनिक कवि वह है, जिसकी कविता वह आप समझता है या उसके मित्र समझते हैं।'

एक दिन श्री अरविन्द ने शिष्यों से पूछा, 'हिटलर के साथ कर्नल बेक का एक इंटरव्यू छपा है। क्या तुमने उसे पढ़ा है?'

शिष्यों ने पूछा, 'दोनों की क्या बातें हुईं?'

श्री अरविन्द ने कहा, 'दोनों एक-दूसरे पर खूब चिल्लाए। कहते हैं, हिटलर जब चिल्लाने लगता है, उसकी आँखों में शीशे की चमक आ जाती है और जब यह चमक आ जाए, तब उसका अर्थ सर्वनाश होता है। बेक के साथ बात करते समय भी हिटलर चिल्लाने लगा और उसकी आँखें काँच की तरह चमकने लगीं। इस पर बेक दुगुने जोर से चिल्लाने लगा। बेक को उतने जोर से चिल्लाते देखकर हिटलर आश्चर्य के मारे ठंडा हो गया।'

एक दिन एक शिष्य ने कहा, 'सुना है, कमाल पाशा ने मिस्र के एक शरीफ आदमी को एक चपत मार दी, क्योंकि रात्रि-भोज पर वह फेज कैप पहनकर आया था।'

श्री अरविन्द बोले, 'और उस पत्रकार की बात क्या तुमने नहीं सुनी है, जिसने सरकार की आलोचना करते हुए लिख दिया था कि टर्की पर शासन कुछ पियक्कड़ों का चल रहा है? कमाल ने उस पत्रकार को एक दिन खाने पर बुलाया। पत्रकार तो इस न्यौते से ही काँपने लगा था। जब वह खाने की मेज पर बैठ गया, कमाल ने उससे कहा—नौजवान, टर्की पर राज पियक्कड़ों का नहीं, एक पियक्कड़ का चल रहा है।'

एक दिन श्री अरविन्द ने कहा, 'सुभाष और उनके दल के लोग अभी भी उसी मनोदशा में हैं, जो 1906-1907 की मनोदशा है। वे यह समझ नहीं रहे हैं कि परिस्थितियाँ बदल गई हैं।'

एक शिष्य ने कहा, 'वे सरकार से लड़ना चाहते हैं।'

श्री अरविन्द बोले, 'हर समय ध्येय-प्राप्ति के लिए लड़ना जरूरी नहीं है। गांधी जी का आदर्शवाद बड़ा है, मगर वे जानते हैं कि जनता कहाँ तक जाने को तैयार है और, अपनी अन्तर्ध्वनि के बावजूद, वे यह भी जानते हैं कि खुद उन्हें कहाँ तक जाना चाहिए।'

बात एक दिन ग्रामोफोन, रेडियो और सिनेमा पर चली। श्री अरविन्द ने कहा, 'ग्रामोफोन तो संगीत का हत्यारा साबित हुआ है। लेकिन दुर्भाग्यवश उन सभी चीजों का यही हाल है, जो जनता का समर्थन चाहती है। सिनेमा और नाटक इसीलिए सस्तेपन की ओर जा रहे हैं।'

शिष्य ने पूछा, 'तो जो बड़े हैं, वे इसे रोकते क्यों नहीं?'

श्री अरविन्द ने कहा, 'उन्हें भी समझौता करना पड़ता है, क्योंकि वे ज्यादा श्रोता चाहते हैं और समझौते के प्रयास में हर अच्छी चीज बुरी चीज से मिश्रित हो जाती है। कला की ऊँची कृतियाँ जन-रुचि को खींचकर ऊपर ले जाना चाहती हैं। लेकिन समझौता करने पर जनता की रुचि ही कला को खींचकर नीचे ले आती है। हर चीज, जो भीड़ को प्रसन्न करके जीना चाहती है, अपनी ऊँचाई को छोड़कर नीचे जरूर आएगी।'

श्री अरविन्द का विचार था कि भारत में समाजवाद का भविष्य बहुत बड़ा नहीं है। एक दिन उन्होंने कहा, 'यहाँ का किसान समाजवाद का साथ दूर तक नहीं देगा। जब तक तुम जमींदारी के खिलाफ हो, किसान तुम्हारा साथ देगा। लेकिन जमीन जब उसे मिल जाएगी, तब समाजवाद की इतिश्री

वह वहीं समझ लेगा। समाजवादी पद्धति में राज्य कदम-कदम पर दस्तन्दाजी करता है और वह भी उन अमलों के द्वारा, जो जनता को लूटते हैं।'

जब श्री अरविन्द अलीपुर बम केस के मुकदमे से रिहाई पाकर बाहर आए थे, उन्होंने कलकत्ते के पास उत्तरपाड़ा में एक भाषण दिया था, जिसमें उन्होंने कहा था कि 'भारत का भविष्य सर्वहारा (प्रोलेतेरियत) के हाथ है। जब तक वह नहीं जगेगा, सम्पूर्ण देश का उद्धार नहीं होगा।'

एक दिन एक शिष्य ने पूछा, 'गांधी जी के आन्दोलन के बारे में आपका क्या विचार है?'

श्री अरविन्द ने कहा, 'गांधी जी भारत को स्वतंत्रता की ओर बहुत दूर तक ले गए हैं। किन्तु उनका आन्दोलन उच्च मध्यम वर्ग तक ही सीमित रह गया है, जबकि हम लोग निम्न मध्यम वर्ग को भी जगाने की कोशिश कर रहे थे।'

एक और दिन गांधी जी की बात चलने पर उन्होंने कहा, 'गांधी जी ने चरखे को धार्मिक सिद्धान्त बना दिया है और उन लोगों को कांग्रेस के बाहर रख छोड़ा है, जो सूत कातने को तैयार नहीं हैं। लेकिन उनके अनुयायियों में कितने लोग हैं, जो चरखे में हृदय से विश्वास करते हैं? कुछ आने-पैसे के लिए इतनी अधिक शक्ति का अपव्यय करना मुझे तर्कसम्मत नहीं दीखता।'

लोकमान्य बाल गंगाधर तिलक के प्रति श्री अरविन्द के बड़े ही ऊँचे विचार थे। वार्ताक्रम में एक दिन उन्होंने कहा, 'जब मैं बंगाल आया, मैंने बंगाल के नेताओं को एकत्र किया और उनसे कहा कि हमें चाहिए कि हम तिलक जी को अपना नेता मानें और नरम दलवाले नेताओं को बाहर फेंककर कांग्रेस पर अपना कब्जा जमा लें। सभी नेताओं ने इस विचार को पसन्द किया और तिलक जी भी हमारा नेतृत्व करने को तैयार हो गए। तिलक जी सचमुच महापुरुष थे। उनमें स्वार्थ की गन्ध तक नहीं थी।'

एक शिष्य ने पूछा, 'तिलक जी ने गीता पर जो ग्रन्थ लिखा है, उस पर आपका क्या विचार है? क्या वह ग्रन्थ ऊपर की प्रेरणा से लिखा गया है?'

श्री अरविन्द ने कहा, 'मैंने तिलक जी का गीता-रहस्य पढ़ा नहीं है।'

शिष्य ने पूछा, 'तो फिर आपने उसकी समीक्षा कैसे लिख डाली?'

श्री अरविन्द ने कहा, 'सम्भव है, बिना पढ़े ही लिख दी हो!'

इस पर गोष्ठी हँस पड़ी।

तब श्री अरविन्द ने कहा, 'पुस्तक को उलट-पुलटकर मैंने जरूर देखा है। लेकिन मेरा खयाल है, वह प्रेरणा नहीं, मस्तिष्क की उपज है। तिलक जी की मानसिक शक्ति बड़ी प्रबल थी।'

श्री अरविन्द ने राजनीति को क्यों छोड़ दिया, इस विषय पर बोलते हुए एक दिन उन्होंने कहा था कि 'राजनीति मैंने इसलिए नहीं छोड़ी कि उस क्षेत्र में मैं अब आगे कुछ नहीं कर सकता था। कारण यह था कि ऊपर से मुझे आदेश मिला था और मैं नहीं चाहता था कि योग में कहीं से भी बाधा या विक्षेप पड़े। मैंने राजनीति से अपना सारा सम्बन्ध तोड़ लिया, लेकिन मुझे यह विश्वास हो गया था कि राजनीति में मैंने जिस कार्य का श्रीगणेश किया है, वह रुकनेवाला नहीं है। उसे आगे बढ़ानेवाले लोग आएँगे और स्वतंत्रता मिलकर रहेगी। यह विश्वास हो जाने पर ही मैंने राजनीति से अपने को अलग कर लिया।'

सन् 1920 में उनके कुछ राजनीतिक साथियों ने चाहा कि श्री अरविन्द फिर से राजनीति में आ जाएँ। श्री अरविन्द ने उस समय भी यही कहा था कि 'राजनीति को मैं हेय दृष्टि से नहीं देखता, न मैं अपने को उन लोगों से ऊँचा समझता हूँ, जो राजनीति का काम कर रहे हैं। 1903 से 1910 तक मैंने कोशिश की कि स्वतंत्रता प्राप्त करने का संकल्प जनता के हृदय में दृढ़ता से बैठ जाए। वह काम पूरा हो गया। अमृतसर कांग्रेस ने उस पर मुहर लगा दी है। देश में बड़े-बड़े नेता और कार्यकर्ता मौजूद हैं। स्वराज्य तो होकर रहेगा। मेरी साधना का विषय अब यह है कि भारत इस स्वराज्य का उपयोग किसलिए करेगा।'

श्री अरविन्द
की
कविताएँ

स्वर्णिम प्रकाश

मानस-तल पर उतरा तेरा स्वर्णिम प्रकाश।
मन के मटमैले कक्ष ज्योति से निखर उठे,
मानो सूरज ने उन्हें स्पर्श से दीप्त किया।
उज्ज्वल उत्तर
उस ज्ञान-भूमि को जो अदृश्य, अभिगोपित है;
अब शान्त ज्योति की शिखा,
मृदुल आभा उदार।

स्वर-नलिका में उतरा तेरा स्वर्णिम प्रकाश,
मेरी समस्त वाणी अब दिव्य, विभासित है।
तेरी महिमा, तेरी स्तुति का आख्यान मधुर

अब एक मात्र गायन मेरा।
अमरों की पीकर सुरा शब्द मदमस्त हुए।

उतरा उर-अन्तर में तेरा स्वर्णिम प्रकाश।
अपनी अनन्तता से तूने आक्रान्त किया
मेरे जीवन को। अब यह जीवन नहीं,
भव्य मन्दिर तेरा।
आवेगों का अब एक लक्ष्य, केवल तू है।

चरणों तक आया उतर दिव्य स्वर्णिम प्रकाश।
अब जो मिट्टी थी, बनी वही आसन तेरा,
तेरी क्रीड़ा का क्षेत्र, दिव्य लीला-प्रांगण।

[मूल : 'गोल्डन लाइट']

विकास

अदृश्य की योजना में
सब-कुछ समाप्त नहीं हुआ है।
मन के परे एक और मन है,
जो हमारे ज्ञान की परिसीमा को बुला रहा है।
एक अकल्पित सामंजस्य
उनकी इन्तजारी कर रहा है,
जो अभी नहीं जनमे हैं।

निर्जीव पृथ्वी का अनगढ़ आरम्भ,
पेड़ और पौधे का मस्तिष्क-विहीन स्पन्दन,
उन्होंने विचार की पृष्ठभूमि तैयार की–

विचार, जो देवोपम जन्म के लिए
मनुष्यता के ढाँचे को विस्तृत कर रहा है।

ऐसी शक्ति, जिसे मानवीय संकल्प
या सामर्थ्य नहीं प्राप्त कर सकी;
ऐसा ज्ञान, जो अनन्तता में विद्यमान है;
ऐसा आनन्द, जो हमारे संघर्ष
और दुःख के परे पड़ता है,
उस जीव की नियति है,
जिसे पृथ्वी की बाधा रोक रही है।

ओ निर्जीव पत्थर से बढ़कर
मन के सोपान पर चढ़नेवाले,
उस चमत्कारमय शिखर पर पहुँचो,
जो अभी जीता नहीं गया है।

[मूल : 'इवोल्यूशन']

आत्म-समर्पण

तुम प्रकृति हो, सूक्ष्म आत्मा हो;
असली निवासी तुम हो,
मैं तो मात्र गेह हूँ।
प्रभो, मैं तुम्हारा साधन और यंत्र हूँ।
ऐसा करो कि मेरा मर्त्य अस्तित्व
तुम्हारी महिमा से मिलकर एकाकार हो जाए।

मैंने अपना मन तुम्हें दे दिया है,
जिससे तुम्हारा मन इसमें नहर खोदे।
मैंने अपनी इच्छा तुम्हारे चरणों पर धर दी है,
जिससे वह तुम्हारी इच्छा बन जाए।

मेरे किसी भी अंश को पीछे मत छोड़ो,
रहस्यपूर्ण और अनिर्वचनीय ढंग से
अपने साथ मुझे एक होने दो।

तुम्हारा प्रेम, जो निखिल विश्व के प्राणों में
स्पन्दन भरता है,
उसके साथ मेरे हृदय को स्पन्दित होने दो।
पृथ्वी के उपयोग के लिए
तुम मेरे शरीर को इंजिन बनाना।

मेरी धमनियों और शिराओं में
तुम्हारे आनन्द की धारा बहेगी।
तुम्हारी शक्ति जब छूटेगी,
मेरे विचार प्रकाश की सीमा बनेंगे।
ऐसा करो कि मेरी आत्मा
निरन्तर तुम्हारी पूजा में लीन रहे।
और प्रत्येक आकार
तथा प्रत्येक आत्मा में
तुम्हारा दर्शन करे।

[मूल : 'सरेंडर']

रूपान्तरण

चलता मेरा श्वास सूक्ष्म, लयपूर्ण धार में।
अंग-अंग पूरित महान् भागवत शक्ति से।
पान किया है मैंने दिव्य, अनन्त सुधा का,
जैसे कोई पिये सुरा दानव विराट की।

काल नाट्य मेरा, स्वप्नों का भव्य प्रदर्शन।
तन का प्रति कोशाणु प्रदीपित, भासमान है।
रंध्र-रंध्र में दीपित शुभ आनन्द-शिखाएँ।

सुख-सिहरित नाड़ियाँ देह की परिवर्तित हो
कुल्याएँ बन गईं दूधिया, दिव्य मोद की,

उतर सके जिनमें होकर वह प्लावन-गति से,
जो गोचर से परे तत्त्व सबसे महान है।

अब अधीन मैं नहीं रुधिर के और मांस के,
न तो प्रकृति का दास, कुटिल जिसका शासन है।
फेंक-फेंक संकीर्ण पाश इन्द्रियाँ न मुझको
अब सकती हैं बाँध मोहमय आकर्षण में।

मापहीन हो गया दृश्य; आत्मा के सम्मुख
अब न किसी भी ओर क्षितिज-रेखा है कोई।
तन मेरा जीवित, प्रसन्न है यंत्र देव का।
मेरी आत्मा अमर ज्योति का महासूर्य है।

[मूल : 'ट्रांसफार्मेशन']

शरीर

यही शरीर जो एक समय मेरा संसार था,
अब एक तुच्छ गठरी है,
जिसे आत्मा ढो रही है।

आत्मा की शक्ति अपार है।
किन्तु यह थैली कितनी छोटी है!
आत्मा उसे लिये हुए
महत् से महत्तर लक्ष्य की ओर
जा रही है।

आत्मा की आवश्यकता भीमाकार है।
यह क्षुद्र शरीर उसकी पूर्ति

नहीं कर सकता।
पूर्ति उसकी अनन्तता
कर सकती है।
तब भी आत्मा उसे लिये हुए
चल रही है,
क्योंकि उसकी तहों में
अनन्तता तक जाने का पार-पत्र
छिपा है!

आत्मा के सामने
अनन्त देश और काल
अपनी स्वर्णिम घटनाओं का
परिदृश्य फैलाते हैं।

उसका हृदय मधुर और भीषण
आनन्द से भरा हुआ है।
उसका मन महान् और दूरस्थ
वस्तुओं की ओर देख रहा है।

संकीर्ण भवन का
यह लघु निवासी
संसार को एकसीम बनाये हुए
कितना विकसित हो गया है!

[मूल : 'द बॉडी']

जन्म का चमत्कार

आत्मा काल के भीतर से यात्रा करती है,
जन्म से जन्म तक ब्रह्मांड के पथ पर।
गहराई में वह प्रच्छन्न है,
ऊँचाई पर उदात्त।
कृमि से विकसित होते-होते
वह ईश्वर बन जाती है।

आत्मा सनातन पावक की चिनगारी है।
अजन्मा के निमित्त गृह-निर्माण के लिए
वह जड़ के भीतर आई।
सूर्यहीन, अचेतन निशा ने

ज्वाला को ग्रहण किया।
मूक और असहाय वस्तुओं के
जड़ बीज में जीवन का स्पन्दन हुआ।

विचार ने उज्ज्वल आकार की कल्पना की।
निद्राचारिणी प्रकृति की
नींद में कोई जनमा,
जो सोचनेवाला प्राणी था,
जो आशा कर सकता था,
प्रेम कर सकता था।
चमत्कार धीमी गति से
अब भी चल रहा है।
पंक और प्रस्तर में से
अमरता जन्म लेगी।

[मूल : 'द मिरेकल ऑव् बर्थ']

निर्वाण

जो एकाकी और निःशब्द है,
वही है।
बाकी सब-कुछ उन्मूलित हो गया।

मन को विचारों से मुक्ति मिल गई
और हृदय को शोक से।
विश्वास नहीं होता,
लेकिन हृदय और मन, दोनों
अनस्तित्व में बढ़ रहे हैं।
मैं नहीं हूँ, प्रकृति नहीं है,
ज्ञात और अज्ञात, कुछ भी नहीं है।

नगर छायाचित्र है,
जिसमें स्वर नहीं है।
उसका बहना, काँपना, सब अवास्तविक
आकार बहता है, जिसमें उभार नहीं है,
सिनेमा के रिक्त आकारों की तरह।
संसार सैकत भित्ति के समान
निस्तट खाड़ी में टकराकर टूट गया।

केवल अक्षय और असीम है।
जो कुछ था, उसके स्थान पर
एक आकारहीन महाशान्ति छा गई है।
जो मैं एक समय था, उसके भीतर
एक नीरव, नामहीन रिक्तता है।
वह या तो अज्ञेय के भीतर जाकर
विलीन होगी
अथवा अनन्तता के प्रकाशमान समुद्र
के साथ वह तरंगित होगी।

[मूल : 'निर्वाण']

सुर्रियल विज्ञान का स्वप्न

किसी ने स्वप्न देखा :
ग्रन्थि ने हैमलेट की रचना की,
जलपरी के घर पर मद-पान किया
और वह अमर हो गई।
हारमोनों की एक कमेटी बैठी।
उसने एजियन समुद्र के तट पर
'इलियड' और 'ओडेसी' लिखी।

बोधि-वृक्ष के नीचे थायरड
लगभग नग्न होकर
ध्यान कर रहा था।

उसने शाश्वत प्रकाश देखा।
फिर समाधि से वह उठा।
धर्मचक्र का उसने प्रवर्तन किया,
और अष्टांग मार्ग का प्रचार।

एक दिमाग को पेट के गड़बड़ होने से
प्रेरणा मिली।
यूरोप भर में वह वज्र-निर्घोष करने लगा।
उसने विजय पाई, राज्य किया
और वह फिर हारा।
सेंट हेलेना से शायद
वह स्वर्ग की ओर गया।

सुर्रियलिस्ट संसार
इसी प्रकार चलता रहा।
एक वैज्ञानिक परमाणुओं से खेलता रहा।
और पूर्व इसके कि भगवान को
चिल्लाने का मौका मिले,
वैज्ञानिक ने सारी सृष्टि को ही
साफ कर दिया।

[मूल : 'ए ड्रीम ऑव् सुर्रियल साइंस']

विज्ञान के अनुसंधान

[1]

क्या तुम्हारा संसार
विद्युत के समूह से चलता है?
मगर वह तो एक ज्योति की कणिका है,
चिनगारी का चक्र है;
उस पावक का कण है,
तुम्हारा नेबुला और तुम्हारा सूर्य
जिसके इतस्ततः विकीर्ण ज्वाला बिन्दु हैं,
झपक और झिलमिलाहट हैं।

अन्य शक्तियाँ भी हैं,
जो अदृश्य प्रकाश से आच्छादित
काम करती हैं।
एक अन्तहीन, अनादि गति है,
जो काल की घटिकाओं में,
उस एक के अमूर्त आकाश में
फैल रही है, सिमट रही है।

तुम्हारे अनुसंधान सतही चीजें हैं,
स्क्रीन पर की घटनाएँ और प्रतिभास हैं।
ये प्रकृति के द्वारा बताई गई युक्तियाँ हैं।
किन्तु, उनके पीछे प्रकृति के छिपे हुए भेद
घात लगाये बैठे हैं।

अनुभववादी मस्तिष्क हर चीज के साथ
अनगढ़ बर्ताव करता है।
मगर प्रकृति के ये भेद
मस्तिष्क को अज्ञात हैं।
वे अछूते और निरापद हैं।

सनातन ऊर्जा निरन्तर दौड़ रही है।
जितने कुछ का पता चला है,
वह कुछ नहीं है,
मात्र इशारा है, संकेत है, निशान है।

[2]

प्रकृति ऊर्ध्व गमन में है।
वह अपनी मंजिल तक कैसे पहुँचेगी?
मंजिल तक वह मानवात्मा की
सुदृढ़ कल्पना से पहुँचेगी,
मनुष्य की उस धीमी, निस्तेज बुद्धि से नहीं,
जो लड़खड़ाती है, कदम-कदम पर ठोकर खाती है;
जो आकार का विच्छेदन और विश्लेषण करके
सन्तोष कर लेती है।

दिमाग का बीजगणित,
इन्द्रिय की योजना,
प्रतीक की भाषा, जिसमें न गहराई है,
न पंख है,

चीजों के बाहरी आकार को
सँभालने की शक्ति,
ये ही हमारी बुद्धि के
अल्प अर्जन हैं।

सत्य इससे कहीं महान् है
और उसके रास्ते भी अधिक गम्भीर हैं।
एक आशय, जो अपने भीतर
सब कुछ समेटे हुए है;
एक स्पर्श, जो प्रकाशमान है,

बहुत समीप है;
एक दृष्टि, जो आन्तरिक है,
घनिष्ठ है;
एक विचार,
जो शब्दों की भूलभुलैयों से मुक्त है।

एक शान्त हृदय,
जिसकी सहानुभूति सबके साथ है।
एक संकल्प, जो एक-केन्द्रित है,
विस्तृत है, महान है।

[3]

हमारा विज्ञान अमूर्त है,
नीरस है, संक्षिप्त है।
जीवित समग्र को काटकर
वह सूत्रों में विभक्त करता है।
इसके पास मानस है, मस्तक है,
लेकिन आत्मा नहीं है।
हर वस्तु का जो शिल्पित,
बाहरी आकार है,
विज्ञान उसे ही देखता है।

लेकिन गहराइयों को जाने बिना
संसार जाना कैसे जा सकता है?
दृश्य का मूल अदृश्य में है।

और अदृश्य का जो अर्थ है,
उसे हर अदृश्य किसी गम्भीरतर अदृश्य में
छिपाये हुए है।

जिन चीजों को तुम थाह रहे हो,
वे वस्तुओं के असली रूप नहीं हैं।
प्रत्येक वस्तु उन शक्तियों का समूह है
जो आकार पा गई हैं।
पकड़ी जाने पर भी
उन शक्तियों की आन्तरिक रेखाएँ
छिटककर अथाह चेतना में
चली जाती हैं,
जिनकी थाह लेना
बुद्धि के मापदंड के पार है।

इस अथाह को थाहो,
वहाँ तुम्हें एक अस्तित्व मिलेगा,
जो अनन्त है, अनाम है,
नीरव है, अज्ञेय है।

[मूल : 'डिसकवरीज ऑव् साइंस']

अमरता

स्वयं भगवान की जो स्वतंत्रता है,
मैंने उसका छककर पान किया है
इससे मुझे एक गुह्य
आत्मतंत्रता की प्राप्ति हुई।

मिट्टी की पोशाक अभी कायम है।
मगर उसके भीतर
मैं विश्वहीन अस्तित्व हूँ,
स्वतंत्र और विराट।
उस महिमा के एक क्षण की मुहर ने

मुझे विश्व-प्रपंच के फन्दों
और बेड़ियों से मुक्त कर दिया।

काल और मृत्यु का उन्मूलन करके
मेरी प्रकृति अमरता के गम्भीर
अन्तराल में निवास करती है।

ईश्वर ने अज्ञानता के साथ
एक इकरारनामा लिखा था।
वह इकरारनामा फट गया।
काल अब सनातन का अन्तहीन वर्ष है।

मेरी आत्मा, जो जीवित,
अनन्त आकाश का सत्त्व है,
पार्थिव परिधान के पीछे
अपने अजन्मा, ज्योतिर्मय शरीर की
रूप-रेखा तैयार कर रही है।
मिट्टी के मुखौटे के पीछे
अक्षय आकृति का ढाँचा
स्पष्ट होता जाता है।

[मूल : 'इमोर्टेलिटी']

इलेक्ट्रॉन

जिसकी बुनियाद पर सभी आकारों,
सभी संसारों का निर्माण हुआ है,
वह इलेक्ट्रॉन उछलकर
अस्तित्व में आ गया।
इलेक्ट्रॉन ईश्वर का कण है।

सनातन ऊर्जा में से
एक चिनगारी छिटकी।
यह चिनगारी असीम की
अन्धी, छोटी कोठरी है।

इस छोटे-से प्रज्वलित रथ में
शिव सवार हैं।

एक ने अनेक होने की युक्ति निकाली।
अपने एकत्व को वह
अदृश्य रूपों में छिपाये हुए है,
जो अदृश्य रूप असीमता को अर्पित
काल के छोटे-छोटे मन्दिर हैं।

अणु और परमाणु
अपनी अदृश्य योजना में
एक अद्भुत एकता के प्रासाद को
छिपाये हुए हैं,
जो प्रासाद स्फटिक और पौधे का है।
कीट, पशु और मनुष्य का है–
मनुष्य, जिस पर विश्व की एकता उतरेगी।
और आदमी की आत्मा की चिनगारी
बढ़कर प्रभु का सम्पूर्ण प्रकाश बन जाएगी।
कालहीन, निस्सीम और विशाल।

[मूल : 'इलेक्ट्रॉन']

आकार

ओ निराकार और असीम की पूजा करनेवाले!
आकार की अवज्ञा मत करो।
आकार में जो बसता है,
वह ईश्वर है।

प्रत्येक ससीम के भीतर
गम्भीर असीम का वास है।
अपनी विशुद्ध, आनन्दमय आत्मा को
आवरण में डाले हुए
ससीम के भीतर असीम छिपा है।

अपनी दुरूह अशब्दता के हृदय में
आकार परमेश्वर के रहस्य की
महिमा को छिपाये हुए है।

आकार निस्सीमता का चमत्कार-कुटीर है।
आकार मृत्युंजय वैखानस की गुफा है।
भगवान की गहराइयों में भी सौन्दर्य है।

जो स्वयं महाश्चर्य है,
उसी का चमत्कार अपने वास के लिए
सृष्टि की रचना करता है।

[मूल : 'फार्म']

आमंत्रण

[1]

झंझा का भीषण झकोर,
दुर्दिन के सह आघात प्रबल
चला जा रहा मैं मरुथल के
पार, पहाड़ों के ऊपर।
जो भी मेरे साथ चलेगा,
उसे पार करना होगा
जल का तीव्र प्रवाह, बर्फ के
व्यूह छोड़ सब सुख भू पर।

[2]

मैं बसता हूँ नहीं कपाटों,
प्राचीरों से भरे हुए,
प्रभाहीन, अस्वच्छ, तुच्छ
संकीर्ण तुम्हारे नगरों में।
नील शून्य में सिर के ऊपर
हैं मेरे भगवान खड़े।
नीचे टकराते मुझसे
तूफान कुपित हो डगरों में।

[3]

क्रीड़ा का संगी मेरा एकान्त,
जहाँ केवल मैं हूँ।
मैं विपत्तियों और संकटों को
बढ़ गले लगाता हूँ।
बड़ी और स्वच्छन्द जिन्दगी
जीने की हो चाह अगर,
झँझाओं से धुली तुंग
चोटी पर तुम्हें बुलाता हूँ।

[4]

मैं प्रभंजनों का प्रचंड
स्वामी, सम्राट पहाड़ों का,
आजादी की रूह और

हूँ अहंकार का सत निर्मल।
जिसको भी आना हो
मेरे साथ, संकटों से खेले,
और हृदय में भरकर लाए
निर्भयता, प्राणों में बल।

[मूल : 'इन्विटेशन']

देवता का श्रम

[1]

मैंने रजत-शून्य में अपने स्वप्न सजा रक्खे हैं,
एक ओर नीलिमा, दूसरी ओर स्वर्ण-सम्पुट निर्मल।
रक्खा है सम्पुटित उन्हें कर ऊपर बड़े जतन से,
स्वप्न तुम्हारे, जो हीरों से जड़े हुए अतिशय उज्ज्वल।

[2]

सोचा था, निर्मित कर कोई दिव्य सेतु सुरधनु का
महाकाश के साथ मही का परिणय कभी रचाऊँगा।
जो सीमा के परे विश्व है, उसकी मनोदशा का
बीज कभी इस नृत्यशील लघु ग्रह के मध्य गिराऊँगा।

[3]

किन्तु स्वर्ग था दूर और वह बहुत-बहुत भास्वर था।
वायवीयता बड़ी तुनुक थी, स्पर्श न सह सकती थी।
इधर मृत्ति का मूल क्षीण था, गहराई थोड़ी थी,
अगर उतरती ज्योति अचानक, ठहर नहीं सकती थी।

[4]

जो भी लाएगा उतारकर दिव्य लोक को भू पर,
उसे प्रथम भू के कर्दम में स्वयं उतरना होगा।
ढोना होगा गहन भार वसुधा की हीन प्रकृति का,
काँटों में आकीर्ण पंथा से स्वयं गुजरना होगा।

[5]

स्वयं दमित कर निज विभुत्व को मैं नीचे आया हूँ
अधम भूमि पर, मैं जिसकी धूसर रज-बीज पड़ा हूँ।
अज्ञानी, श्रमनिरत मनुज की दुर्बलता अपनाकर
जन्म-मृत्यु, इन दो द्वारों के अन्तर्मध्य खड़ा हूँ।

[6]

बहुत दिनों से खोद रहा हूँ गूढ़ दीर्घ परिखा को
बिना किये चिन्ता कर्दम की, ह्रास-त्रास की, मल की।
बहे सुनहरी नदी खेय में गीत स्वर्ग का गाकर
और बसे उसमें अभंग मधुज्वाला अमर अनल की।

[7]

मिले मनुज को ज्योति, सोच यह, मैं जड़ता-रजनी से
लड़ा बहुत। अपने पर उसका अत्याचार सहा है।

किन्तु नरक की घृणा और विद्वेष भ्रान्त मानव का,
जब से दुनिया बनी, यही मेरा उपहार रहा है।

[8]

क्योंकि मनुज चाहता, वासना उसकी नित्य सफल हो।
बेचारा अपने ही भीतर के पशु से हारा है।
मन में उसने जिस पिशाच को युग से पाल रखा है,
उसे शोक प्रिय है, मनुष्य का पाप उसे प्यारा है।

[9]

यह पिशाच थर-थर करता है दिव की ज्वालाओं से।
जो कुछ है पवित्र, सुखदायी, उसे नहीं जँचता है।
लिप्सा, लौकिक सुख, विलास से और अन्त में दुःख से
वह करता है राज और अपना नाटक रचता है।

[10]

चारों ओर अशान्ति, कलह, कोलाहल और तिमिर है।
जिस प्रदीप को मनुज सूर्य कहता है, वह द्वाभा है।
भटके हुए भ्रान्त जीवन पर जो प्रकाश गिरता है,
वह अमरों की महाज्योति की बस आधा आभा है।

[11]

मनुज जला पाता है जो छोटी मशाल आशा की,
उसका प्रभापुंज बुझ जाता, शेष नहीं रहता है।
नर की सारी प्राप्ति सत्य की एक क्षुद्र कणिका है।
वह सराय है, जिसे आदमी तीर्थधाम कहता है।

[12]

सत्यों का जो सत्य, आदमी उससे भय खाता है।
प्रस्तुत है वह नहीं चिरन्तन आभा को वरने को।
वह पुकारता मूढ़ देव को, और दनुज-वेदी पर
मनुज बैठ जाता है दानव की पूजा करने को।

[13]

जो था पहले मिला, आज फिर उसे खोजना होगा।
क्योंकि छिन्न-मस्तक प्रतिपक्षी फिर से जी जाते हैं।
संघर्षों पर एक बार जय पाना नहीं अलम् है।
निष्फल जीवन के समक्ष वे बार-बार आते हैं।

[14]

मुझे सहस्रों घाव लगे हैं, लगते ही जाते हैं।
किन्तु दानवों के प्रहार से मैं तो नहीं झुकूँगा।
जब तक परम देव की इच्छा पूर्ण नहीं होती है,
लक्ष्य-सिद्धि के बिना भला मैं पथ में कहाँ रुकूँगा?

[15]

मुझे चिढ़ाते हैं यह कहकर दनुज-मनुज, दोनों ही–
'असम्भाव्य कल्पना तुम्हारी, तुम क्या विजय करोगे?
रँग पाओगे अन्तरिक्ष को किस प्रकार पावक से?
क्रिया नष्ट होगी, असफल हो तुम व्यर्थ ही मरोगे।

[16]

'जड़ समुद्र की छाती पर हम परित्यक्त बालक हैं
लौह नियति से बद्ध, कभी इस पर भी ध्यान गया है?
या केवल बकवास मचाने को भू पर आए हो,
स्वर्ग-लोक है सुखी, वहाँ जो कुछ है, दिव्य, नया है?

[17]

'तिमिर-क्षेत्र हो भले भूमि, पर यह धरणी अपनी है।
टिम-टिम छोटी शिखा हमारी सुथिर न रह सकती है।
यह कैसे सामना करेगी ज्वलित, दिव्य आभा का?
देव चाहते जो, उसको भू कैसे सह सकती है?

[18]

'चलो, चलें, वध करें स्वर्ग के इस प्रलापकारी का।
तभी हमारे हृदय मुक्त दुविधा से हो पाएँगे।
इसके उच्च, कठोर घोष श्रवणों में नहीं पड़ेंगे।
विस्तृत, शुभ्र शान्ति के बँधने से भी बच जाएँगे।'

[19]

मेरे मर्त्य हृदय में पर उद्यत देवता खड़ा है
नियति, भाग्य, प्रारब्ध, भ्रान्तियों, भूलों से लड़ने को,
नामहीन, निर्मल, विराट के लिए विश्व के पथ पर
पग से रौंद कुलिश-कर्दम को चूर-चूर करने को।

[20]

‘जाओ वहाँ, जहाँ पर कोई अब तक नहीं गया था’,
‘खोदो, खोदो’, ध्वनि कहती है, ‘आगे सत्य कहीं है।
पहुँचो नीचे उस पत्थर पर, जिस पर नींव टिकी है।
दस्तक दो उस दर पर जिसकी कुंजी कहीं नहीं है।’

[21]

देखा मैंने, असत् वृक्ष का मूल बड़ा गहरा था।
चीजों की जड़ से असत्यता लिपटी हुई पड़ी थी।
हरि सोये थे महासर्प पर जटिल योग-निद्रा में।
भूरी नरसिंहनी भीष्म पहरे पर जगी खड़ी थी।

[22]

मन के सतह-लोक पर है जो देव और जीवन का–
जो समुद्र है असंतृप्त, दोनों को मैंने छोड़ा।
फिर शरीर की अन्ध वीथियों में डुबकियाँ लगाकर
चरणों को मैंने रहस्यमय अधोलोक दिशि मोड़ा।

[23]

छाना है मैंने प्रचंड उर-अन्तर मूक मही का।
पीड़ा, आह, कराह, दर्द की घंटी वहाँ सुनी है।
देखा है वह स्रोत, जहाँ से दुःख जन्म लेते हैं।
और नरक कैसे बनता है, यह भी बात गुनी है।

[24]

मैं हूँ जहाँ, वहाँ ऊपर विषधर, फुँकार रहे हैं,
पैशाचिक आवाज घुमड़कर क्षण-क्षण रही उबल है।
पर मैंने तो शून्य चीर उस स्थिति को देख लिया है,
जहाँ प्रथम आभा प्रकटी, पहला विचार जनमा था।
घूम चुका हूँ उस खाई में, जो नितान्त निस्तल है।

[25]

उच्च, भयावह सोपानों पर मेरे चरण पड़े हैं।
कवच पहन निस्सीम शान्ति का रहा किन्तु निश्चल मैं।
ले आया आखिर पावक मैं ईश्वरीय आभा का।
और उसे बो दिया मनुज के अगम, अगाध, अतल में।

[26]

तब भी था मैं वही, सदा जो मेरा रूप रहा था।
पर जो थे आवरण, किसी ने उनको फाड़ दिया है।
प्रभु की वाणी सुनी और मैंने उनकी इच्छा को
निज प्रशान्त, विस्तृत ललाट पर सादर वहन किया है।

[27]

गहराई जुड़ गई शिखर से, सेतु हुआ निर्मित है।
अब स्वर्णिम जल का प्रपात नीरव, अजस्र झरता है–
उस सुनील पर्वत से, जो सुर-धनु से सजा हुआ है।
इस तट से उस तट तक जल जगमग-जगमग करता है।

[28]

दीप्त हो उठा अनल स्वर्ग का पृथ्वी की छाती में।
अमर सूर्य अब तो जलता है इसी मृत्ति-वेदी पर।
चमत्कार! पड़ गया रंध्र जन्मान्तर के बन्धन में।
जिसने देह धरी थी, वह आत्मा अखंड, अविनश्वर–

[29]

चाह रही बनना सत्-चित्-आनन्द-लोक की ज्वाला।
स्वर्णारुण सोपान-मार्ग पर पग नीचे धरते हैं–
दिव के अमृत-पुत्र अनुरंजित अपनी ही आभा से।
'उन्मुलित हो गया तिमिर', यह तूर्यनाद करते हैं।

[30]

तनिक और है देर, द्वार-पट इस नवीन जीवन के
रचित-खचित होंगे प्रकाश से, चन्द्रभूति-आभा से।
छत होगी स्वर्णाभ और गच होगा मणिकुट्टिम का।
सारा जगत प्रकाशमान होगा अपरूप विभा से।

[31]

अपना स्वप्न छोड़ दूँगा मैं उज्ज्वल रजत-पवन में।
नील-स्वर्ण परिधान पहनकर ज्योति अलौकिक धारे
रूपान्तरित इसी पृथ्वी पर तब मनोज्ञ, मंगलमय
धर कर देह करेंगे विचरण जीवित सत्य तुम्हारे!

[मूल : 'ए गॉड्स लेबर']